KB214944

머리 아픈 부모
가슴 아픈 자녀

머리 아픈 부모 가슴 아픈 자녀

초판 1쇄 발행 | 2021년 5월 14일

지 은 이 | 옥에스더·박호근
펴 낸 이 | 이한민
펴 낸 곳 | 아르카

등록번호 | 제307-2017-18호
등록일자 | 2017년 3월 22일
주　소 | 서울 성북구 숭인로2길 61 길음동부센트레빌 106-1805
전　화 | 010-9510-7383
이 메 일 | arca_pub@naver.com

홈페이지 | www.arca.kr
블 로 그 | arca_pub.blog.me
페이스북 | fb.me/ARCApulishing

책　값 | 뒤표지에 있습니다
I S B N | 979-11-89393-25-0　03230

아르카ARCA는 기독출판사이며 방주ARK의 라틴어입니다(창 6:15).
네가 만들 방주는 이러하니 … 새가 그 종류대로, 가축이 그 종류대로,
땅에 기는 모든 것이 그 종류대로 각기 둘씩 네게로 나아오리니 그 생명을 보존하게 하라 _창 6:15,20

아르카는 (사)한국기독출판협회 회원 출판사입니다.

우리 가족 힐링 솔루션

머리 아픈 부모

· 옥에스더 ·      · 박호근 ·

가슴 아픈 자녀

아르카

'부모와 자녀가 함께하는
40일 대화의 여행'을 떠나보세요.

부모님들에게는 대부분 특별한 은사(?)가 있는데, 그것은 자녀들에게 참 좋은 내용의 말을 매우 기분 나쁘게 전달하는 능력입니다. 자녀와 부모는 가장 가깝고 친밀한 관계가 되어야 하는데, 이런 이유 때문에 서로 갈등하고 불편한 상태에 있는 경우가 많습니다.

　왜 부모님들은 이렇게 특별한 은사를 갖게 되었을까요? '내 자식은 내 마음대로 할 수 있다'라는 부모의 그릇된 양육태도 때문입니다. 부모는 자녀에게 일방적으로 이야기해도 괜찮고, 또 명령하듯 말해도 아무런 문제가 되지 않는다고 생각하고 행동하는 것입니다.

하지만 자녀도 하나님이 만드신 엄연한 독립적 인격체이며 각 가정에 주신 선물입니다. 이 사실을 부모들이 모르거나 잊고 삽니다. 그래서 골로새서 3장 21절은 "아비들아 너희 자녀를 노엽게 하지 말지니 낙심할까 함이라"라고 말씀하는 것입니다.

저희 부부는 《머리 아픈 남편 가슴 아픈 아내》에 이어 《머리 아픈 부모 가슴 아픈 자녀》 책을 집필하면서, 힘들었던 지난 시간이 떠올랐습니다. 부부 사이에서 갈등한 시간도 참 힘들었지만, 자녀와 갈등을 겪은 시간은 더 힘들고 어려웠습니다. 그래서 저희는 스스로를 스스로 '화병(火病) 난 부부 전문가 아빠 엄마'라고 부르곤 했습니다. 그만큼 힘들고 어려운 시간을 보냈다는 말입니다.

많은 부모님들이 《머리 아픈 부모 가슴 아픈 자녀》라는 이 책의 제목이 가슴에 와닿는다고 말합니다. 왜 그럴까요? 그것은 아마도 부모인 자신과 자녀의 관계를 너무나 현실적으로 표현한 제목이기 때문일 것입니다. 이 책을 쓰면서 옛날

엔 도대체 '왜 그랬을까?' 하는 생각을 했습니다.

모든 부모는 아이가 잘 자라주기를 바랍니다. 그래서 부족한 부분이 보이면 잘되라고 하는 말이 자녀에게는 잔소리로 들리게 되고, 반복되는 지적은 아이를 분노하게 만들고, 급기야 마음에 상처를 줍니다. 결국 부모는 머리(골치)가 아프고, 자녀는 자신을 이해해주지 않고 자기 편이 되어 주지 않는 부모로 인해 가슴(마음)이 아픈 것입니다. 아무리 부모가 사랑해서 하는 대화나 행동이라도 받아들이는 자녀가 그것을 사랑으로 느끼지 못한다면, 그것은 사랑이 아닙니다.

대부분의 부모들이 자녀와의 대화에서 실패하는 이유 중 하나는 '우리 아이가 알아서 제대로 해내고 있다'라는 믿음을 갖지 못하기 때문입니다. 부모는 혹시 자녀의 행동에 문제가 있다 하더라도 '그럴 만한 이유가 있을 거야'라고 생각하는 마음가짐이 필요합니다.

이 책을 읽는 부모님들은 '40가지의 주제'라는 목적지를 매일 한 군데씩 들러보면서, 40일 동안 자녀들과 '부모와 자녀가 함께하는 대화의 여행'을 떠나보세요. 이 여행을 통해 부모는 더 이상 머리가 아프지 않고 자녀는 가슴이 아프지 않게 되기를 바라며, 가정이 행복해지기를 소망합니다.

끝으로, 사랑하는 두 아들을 우리 가정에 선물로 주신 하나님께 감사드리며, 두 아들에게 고마움과 사랑을 전합니다. 이 책은 우리 두 아들에게 주는 선물입니다. 여러분 가정의 자녀들에게도 선물이 되기를 바랍니다.

진새골 사랑의집에서

옥에스더 ♥ 박호근

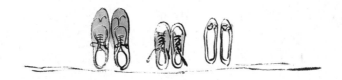

이 책의 저자 박호근 목사님과 옥에스더 사모님은 전문 가정 사역자로서 이미 《머리 아픈 남편 가슴 아픈 아내》라는 제목 의 저서를 집필하여 국내는 물론 국외에까지 획기적인 반응 을 일으킨 바 있습니다. 이 시점에 가정에서 부모와 자녀 사 이의 관계회복에 도움이 될 수 있는 본서가 출간된다는 것은 무엇보다 반가운 일입니다.

이 책은 단순히 부모 자식 사이에서 소통하는 대화의 기술 만 말하고 있지 않습니다. 가정을 바로 세우고 인생 전체를 성공적이고 행복하게 살 수 있는 신앙의 자세까지 말해주고 있습니다. 그러므로 많은 사람들이 이 책을 통하여 세대 간 의 격차를 해소하고, 행복하며 성공적인 가정과 인생을 찾기 를 바랍니다. 본서가 특히 가정 사역 분야에서 큰 역할을 해 줄 것을 기대하며 일독을 강력히 추천합니다.

주수일 장로, 진새골 사랑의집 이사장

본서는 '부모와 자녀 어느 한 쪽도 마음을 닫지 않고 서로에게 끊임없이 관심을 갖는 것'이 얼마나 중요한지를 강조합니다. '어떻게 해야 자녀의 마음을 다치지 않고 코칭할 수 있는 부모가 될까?' 하는 고민을 해결해주고 분명하게 안내해주고 있습니다. 또한 부모가 자녀들과의 관계를 만들어가는 유일무이한 수단이 대화이기에, 이 책을 통해 자녀와의 대화를 효과적으로 할 줄 아는 능력 있는 부모로 거듭나게 될 것입니다.

저자 부부는 실제로 '머리 아픈 부모'를 경험한 실전(!)을 갖춘 전문가입니다. 자신의 경험에서 나온 진솔한 이야기들이 많은 부모에게 고개를 끄덕이는 도전과 진한 감동을 줄 것입니다. 건강한 부모, 행복한 자녀가 되기를 원하십니까? 그렇다면 진심으로 일독을 권합니다. '머리 아픈 부모와 가슴 아픈 자녀'의 관계가 시원하게 해결될 것입니다.

이희범 원장. 지구촌가정훈련원

Contents

1장

부모에게 듣고 싶은 말

2장

가족끼리 사랑하는 법

3장

우리 모두 아프지 않게

4장

흐뭇한 부모 신나는 자녀

1장

부모에게 듣고 싶은 말

01일

왜 부모는 머리 아프고
자녀는 가슴 아플까요?

어느 부모도 아침에 '오늘은 하루 종일 잔소리를
해야지'라고 생각하며 일어나지 않습니다. 그러나 부
모 입에서는 하루 종일 잔소리가 끊임없이 쏟아지고 아이는
짜증을 냅니다. 왜 엄마는 내 아이와 매일 싸우고 감정적으
로 상처를 입히는 걸까요? 도대체 뭐가 잘못된 걸까요? 그
이유는 아이의 감정을 이해하지도 받아들이지도 않기 때문
입니다.

부모들에겐 아이들의 문제 행동만 보이지 그 너머에 있는
감정은 보이지 않습니다. 아이가 무엇을 느끼고 바라는지를

제대로 알지 못하면 문제 행동은 교정되지 않습니다. 아이들과 행복하게 소통하기 위해서는 아이들의 감정에 관심을 가져야 합니다.

하나님은 우리에게 정서적 친밀감이라는 귀한 선물을 주셨습니다.

2차 대전 중에 고아가 된 아이들이 특별한 이유 없이 시름시름 앓다가 고아원에서 죽어갔습니다. 후에 그 원인을 찾던 심리학자들은 아이들이 부모로부터 받아야 하는 정서적 친밀감과 스킨십이 부족한 것이 사망의 원인이라는 것을 알게 되었습니다.

잠언 18장 14절은 이렇게 말씀합니다.

"사람의 심령은 그의 병을 능히 이기려니와 심령이 상하면 그것을 누가 일으키겠느냐."

많은 가정에서 부모와 자녀 사이에 갈등이 있는 것은 부모가 자녀의 마음을 상하게 하기 때문입니다.

성경은 부모들에게, 자녀에 대해 조심할 점을 이렇게 말씀하고 있습니다.

"또 아비들아 너희 자녀를 노엽게 하지 말고 오직 주의 교훈과 훈계로 양육하라"(엡 6:4).

자기 자식을 사랑하지 않는 부모가 없듯이, 부모를 실망시키고 싶어 하는 자식도 없습니다. 그런데 부모와 자식 사이에 늘 갈등과 다툼과 상처가 끊이지 않는 까닭은 우선 부모가 자녀를 대하는 자세에서 성경적인 양육 방법을 따르지 않기 때문입니다. 부모가 자녀를 자기 소유로 생각하고 자녀는 부모의 방식대로 따라주지 않는 것입니다. 그래놓고 부모는 골치 아프다고 말하고 자녀는 마음 아프다고 합니다.

성경은 우리 모두를 청지기라고 말씀하고 있습니다. 부모 또한 자녀에 대해서는 청지기입니다. 청지기에는 세 가지 뜻이 있습니다.

첫째, 내가 주인이 아니다.

둘째, 내게 맡겨주신 일이 있다.

셋째, 일에 대한 결산이 있다.

머리 아픈 부모, 가슴 아픈 자녀가 되지 않기 위해서는 부모가 먼저 자신이 청지기인 점을 기억하세요. 청지기의 마음으로 자녀를 대하는 성경적 부모로 거듭나기를 바랍니다.

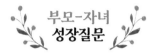

부모-자녀
성장질문

질문 자녀를 노엽게 했던 경우는 없나요?

_____

_____

_____

솔루션 자녀에게 'I Message(나 전달법)'로 사과하세요.

_____

_____

_____

TIP ㅣ Message(나 전달법)란?

대인관계 커뮤니케이션에서 나 전달법(I-message) 또는
나 진술(I statement)은 말하는 사람의 감정, 신념, 가치 등에 대한
주장이며, 일반적으로 '나(I)'로 시작하는 주어로 표현되는 문장입니다.

상황의 예 : "너의 그러한 행동은 나의 마음을 아프게 한다."
지시적 표현(부정적 표현) = 너 전달법 : "너, 그 행동을 하지 마!"
권장하는 표현(긍정적 표현) = 나 전달법 : "네가 그러면 내 마음이 아파."

02일

잔소리는 자녀와의
의사소통을 방해합니다

부모와 자녀 사이의 의사소통은 단순한 의사소통에서 끝나는 것이 아닙니다. 자녀와 부모와의 적절한 의사소통은 서로의 자존감을 높여주기 때문에 밖에서도 좋은 인간관계를 형성하는 데 도움이 됩니다.

아무리 좋은 충고도 의사소통이 되어야 도움이 되지요. 하지만 대부분의 자녀들은 부모의 충고를 잔소리로 느끼는 경우가 많습니다.

부모의 잔소리는 아이에게 어떤 영향을 미칠까요? 자녀가 부모의 말을 다 잔소리로 듣는데, 아무리 좋은 충고를 100마디, 1000마디를 한다 한늘, 과연 자녀에게는 얼마만큼 받아들일 만한 충고가 될 수 있을까요?

부모의 잔소리는 다 아이가 잘 되길 바라는 마음에서 출발합니다. 그러나 잔소리를 해본 부모라면 누구나, 그런 말이 자녀에게 아무런 도움이 되지 않는다는 사실을, 솔직히 경험을 통해 알 수 있을 것입니다.

부모가 집에서 가장 많이 하는 잔소리는 무엇일까요? "방 좀 치워라", "공부 좀 해라"가 아닐까 싶습니다. 그러면 아이들은 꼭 이렇게 말하죠.

"지금 하려고 했는데, 엄마가 말해서 하기 싫어."

어딘가 청개구리 같고 괘씸하기도 하죠? 하지만 부모가 이렇게 먼저 잔소리를 하면 아이의 의욕이 저하되는 것은 사실 당연합니다.

아이가 어렸을 때부터 이러한 잔소리를 자주 들으면 수동적인 아이로 자라기 쉽고, 실수와 실패를 통해 성장할 수 있는 기회를 박탈당할 수 있다는 사실을 부모는 알아야 합니다. 부모는 답답하고 불안한 마음에 독촉하려고 하는 잔소리이지만, 이건 아이의 자율성을 침해하는 행동입니다. 부모님들이 혹시 습관적으로 아이에게 잔소리를 하고 있는 건 아닌지 돌아보시기 바랍니다.

저도 아들 둘을 기르면서 잔소리를 많이 하고 말싸움도 해 보았지만, 거기에서 체험적으로 얻은 결론은 '아이는 잔소리로 결코 변하지 않는다'는 사실입니다.

내 자녀에게 비수를 꽂는 잔소리를 하기보다, 잠시 입을 닫고 자녀의 말에 귀만 기울여주고 공감해주세요. 부모님이 자녀에게 말할 수 있는 기회를 더 많이 주고 경청하는 자세를 보여주기만 해도, 부모와 자녀 사이에서 대화가 시작될 수 있습니다.

부모가 자녀에게 진심어린 공감을 하고 자녀를 인정해주는 모습만 보여주어도, 자녀와 어떤 갈등이 있더라도 해결의 실마리를 찾을 수 있습니다. 무엇보다 부모가 자녀를 위해 기도부터 하면 할수록 자녀들의 회복은 더 빨라집니다. 자녀를 위해 기도하면서 잔소리는 조금 줄이고, 대신 자녀의 말에 공감해주세요.

질문 부모로서 했던 잔소리 중에서 자녀가 가장 듣기
싫어하는 말은 어떤 것인가요?

_____

_____

_____

_____

_____

솔루션 자녀의 말에 진심어린 공감을 하고
자녀를 인정해주세요.

_____

_____

_____

_____

_____

_____

_____

03일

언어폭력은 아이를
꽤 아프게 합니다

어떤 부모도 자녀가 미워서 자녀에게 가슴 아픈
말을 하는 부모는 없습니다. 하지만 부모들이 딴에
는 사랑의 훈계라고 생각해서 자녀에게 "넌 제대로 하는 게
뭐야?" "시키는 거나 제대로 해야지", "넌 늘 그게 문제야"라
고 비난 섞인 말을 하는 경우가 많습니다. 성경은 이러한 부
모에게 "아비들아 너희 자녀를 노엽게 하지 말지니 낙심할까
함이라"라고 골로새서 3장 21절에서 말씀하고 있습니다.
    이제 부모가 알아야 할 것은 욕설과 폭언뿐 아니라 무심코
하는 농담도 듣는 자녀에게는 언어폭력이 되어서 정신적ㆍ

신체석 문제를 일으킬 수 있다는 사실입니다.

어떤 사람은 언어폭력을 '보이지 않는 칼'이라고 표현합니다. 참으로 맞는 말입니다. 특히 부모의 언어폭력은 듣는 자녀에게 분노와 불안감과 모멸감을 줍니다. 심하면 우울증과 불안장애와 인격장애 같은 정신질환을 초래하는 경우도 생기고, 더 심하면 자살로 내모는 사례마저 있습니다.

영국의 철학자 존 오스틴은 "거친 말은 주먹을 날리는 행위와 같다"라고 말했습니다. 부모가 자녀에게 쓰는 부정적인 언어가 폭력이 될 수 있다는 말입니다.

어떤 심리 전문가는 "언어폭력이란 기분 나쁜 기억들이 마치 머릿속에서 맴도는 '생각의 감옥'에 갇히는 것과 같다"라고 말했습니다. 부모가 모욕감을 주는 말 한마디가 자녀의 기억에 오래 남게 되고, 그 순간이 떠오를 때마다 그때 받은 불쾌한 감정이 감옥에 갇혀 있는 것처럼 되살아나는 것입니다. 아이의 몸에 난 상처는 금세 치유되지만, 마음에 난 상처는 깊이 자리잡고 흉터가 오래갑니다.

부모들이 자녀에게 하는 욕설뿐 아니라 잔소리도 반복되면 언어폭력이 될 수 있습니다. 언어폭력이 무서운 이유는 뇌의 언어적 기능을 떨어뜨려 뇌 구조 자체에 악영향을 주기 때문입니다. 감정과 언어를 담당하는 뇌의 영역을 줄어들게 만드는 것이죠. 언어폭력을 지속적으로 받으면 말하거나 이해하는 능력이 떨어지고, 우울과 불안의 위험이 커지는 것입니다.

히브리서 3장 6절은 이렇게 말합니다.

"혀는 곧 불이요 불의의 세계라 혀는 우리 지체 중에서 온 몸을 더럽히고 삶의 수레바퀴를 불사르나니."

자녀를 하나님이 주신 선물로 인정한다면, 자녀를 대하고 말할 때 주께 하듯 말해주세요.

질문 자녀에게 무심코 한 말 중에서 언어폭력이라고
생각하는 말을 적어보세요.

_____

_____

_____

_____

_____

솔루션 자녀에게 언어폭력이라고 생각되는 말을 한 것에
대해 사과해주세요.

_____

_____

_____

_____

_____

_____

_____

04일

부모의 반응이
아이에겐 거울입니다

50세가 넘은 미정 씨는 가정을 이루어 딸들이 벌써 대학생이 되었습니다. 그런데 80이 가까운 친정엄마는 미정 씨에게 지금도 끊임없이 잔소리와 자신의 신세 한탄을 합니다. 이렇다 보니 친정엄마와 딸의 사이가 좋을 리가 없습니다. 만나기만 하면 싸웁니다. 심지어 자려고 눈만 감아도 일찍 과부가 된 엄마의 잔소리와 신세 한탄이 들린다고 합니다. 그래서 반복적인 우울증과 불안증을 갖고 살아왔다고 합니다.

우리는 저마다 자신의 행동이나 상태가 옳은지 그른지 판단하는 기준을 갖고 있습니다. 자신을 판단하는 기준을 가리켜 '내적 목소리'라는 표현을 종종 사용합니다. 자신의 상태를 진단하고 스스로에게 피드백을 주는 내적 목소리의 근원지는 어디일까요? 놀랍게도 부모의 반응입니다.

내적 목소리는 어릴 때의 반복적인 경험, 특히 주양육자와의 상호작용에 뿌리를 두고 있습니다. 자녀의 말이나 행동에 대한 부모의 반응과 태도가 아이의 모습을 거울처럼 비춰주는 것입니다. 아이로 하여금 부모의 반응을 통해 자신을 보게 해주는 것이지요. 발달학자들은 그런 부모의 반응을 가리켜 '거울반응', 영어로는 미러링(mirroring)이라고 합니다.

문제는 모든 부모가 자신의 한계를 갖고 있기 때문에, 부모의 거울 자체가 찌그러져 있거나 더러워져 있거나 금이 가 있어서, 아이의 모습을 있는 그대로 반영해주지 못하는 데 있습니다. 즉, 찌그러지고 금이 가 있는 부모 자신의 문제가 아이의 모습을 왜곡된 모습으로 반사해준다는 것이죠.

예를 들어, 자녀가 무슨 실수를 했을 때 반사적으로 나오는 말을 생각해보십시오. 여러분은 어떤 말을 합니까?

"왜 너는 맨날 그 모양이야?"

이런 말 대신에, "그래, 실수할 수도 있지. 그럼에도 불구하고 너는 예전보다 더 잘할 수 있어." 이렇게 이해하고 격려하는 말을 합니까?

자녀들은 계속 성장하고 발전합니다. 그래서 자녀의 자존감을 높이려면 '그럼에도 불구하고'라는 언어를 사용해야 합니다. 이것이 부모에게 왜곡돼 있는 거울을 극복하여 바르게 비춰주는 하나의 비결입니다. 자녀가 성장하는 긴 시간 동안 조금씩 변해가는 자녀의 모습을 있는 그대로 비춰주는 것이 부모라는 거울이 해야 할 일이기 때문입니다.

잠언 4장 24절에 이런 말씀이 있습니다.

"비뚤어지고 구부러진 말을 네 입에서 버리며 비뚤어진 말을 네 입술에서 멀리 하라."

부모가 자신의 거울을 열심히 닦고 뒤틀린 부분을 바로 잡아 나갈 때 가슴 아픈 자녀가 되지 않을 것입니다.

부모-자녀
성장질문

질문   부모로서 거울반응을 통해 자녀들에게
어떤 영향을 주고 있나요?

_____

_____

_____

_____

_____

솔루션   자녀에게 "그래, 실수할 수도 있지"라고 말하며
격려해보세요.

_____

_____

_____

_____

_____

_____

05일

아이의 문제 행동,
어떻게 고쳐야 할까요?

아이들은 크고 작은 문제를 일으킵니다. 숙제를 하지 않거나, 벽에 낙서를 하거나, 친구들과 싸우거나, 동생을 때리거나, 수업에 집중하지 않거나, 부모가 정한 규칙을 어기기도 합니다. 이런 문제 행동에 대해 부모가 하는 첫 번째 실수가 바로 감정적으로 대응하는 것입니다.

부모는 아이의 문제 행동을 비난합니다. 아이는 부모의 비난에 거칠게 대응하고, 부모와 자식 사이에 대화는 끊어지고, 결국 부모는 머리가 아프고 아이는 마음에 상처를 입게 됩니다.

아이가 문제 행동을 할 때, 아이는 부모에 대한 죄책감과 두려움으로 이미 마음의 평정을 잃습니다. 이럴 때 부모는 아이의 마음이 불안하다는 것을 알아주고, 그 감정을 받아주어야 합니다.

아이의 잘못을 먼저 지적하고 공격부터 하면 아이는 변화되지 않습니다. 끊임없는 잔소리는 벽에 대고 이야기하는 것과 마찬가지입니다.

먼저 부모는 아이가 느꼈던 감정을 이해하고 객관적으로 상황을 이야기하면서, "내가 널 어떻게 도와줄까?" 하고 물어보는 것이 필요합니다.

아이에게 문제가 생겼을 때, 그 해결 방법도 사실은 아이에게 있습니다. 부모는 아이가 그것을 스스로 끌어내도록 도와주어야 합니다. 이때, 부모 또한 자신이 받은 상처의 감정을 표현할 수 있습니다.

하지만 그럴 때도 주어(主語)는 항상 자녀가 아닌 부모 본인이 되어야 합니다. "너는 왜 이 모양이야?"라며 화를 내지 말고, "엄마는 너의 이러 이러한 행동 때문에 화가 났어"라고 부모가 주어가 되는 말을 하는 것입니다.

제가 상담 중에 자녀가 주어가 되는 잘못된 대화의 예를 말해주면 많은 부모들은 "어머, 나도 이렇게 말했는데!"라며

깜짝 놀랍니다. 부모가 자녀에게 날마다 얼마나 상처를 많이 입혔는지 알게 된다면 마음이 아플 것입니다. 하지만 그동안 자녀의 마음은 더 아팠답니다.

자녀가 가슴이 아픈 이유는 자신을 상대하고 사랑해주는 부모의 방식이 정작 자신의 마음을 아프게 하고 노엽게 하는 방식이기 때문입니다. 그것을 사랑이라는 포장지로 그럴싸하게 포장하기 때문에 자녀의 가슴은 더 아픕니다.

부모도 인간이기 때문에 완벽하지 않습니다. 매일 아이들과 부딪치다 보면 크고 작은 일들이 생기고, 그 안에서 부모는 자녀에게 알게 모르게 상처를 줍니다. 그래서 자녀를 키우는 것은 꾸준한 인내와 기도가 필요한 힘든 일입니다.

이제부터는 아이가 문제 행동을 일으킬 때 무조건 야단부터 칠 것이 아니라, 먼저 그 아이의 편에 서서 마음을 이해해주고 감정을 만져주시기 바랍니다.

부모-자녀 성장질문

질문 내 자녀의 문제행동이라고 생각되는 것을
적어보세요.

_____

_____

_____

_____

_____

솔루션 무조건 야단부터 칠 것이 아니라
"내가 어떻게 도와줄까?"라고 말해주세요.

_____

_____

_____

_____

_____

_____

_____

06일

문제 부모는 있어도
문제 아이는 없습니다

문제 행동을 보이는 아이는 그 아이에게 문제가 있어서라기보다 보고 배운 것들, 자라온 환경 때문일 가능성이 더 큽니다. 쉽게 말해, 다 부모 탓이라는 말입니다. 그러므로 정말 부모가 되기 원한다면 부모로서 준비가 돼 있어야 합니다. 하지만 아무리 준비를 잘한 부모라 해도 막상 아이를 키우는 일은 생각처럼 쉽지 않습니다. 정말 마음대로 되지 않고 쉽지 않은 게 바로 부모가 되는 일입니다.

〈Children See, Children Do〉라는 제목의 영상을 보면 부모가 하는 행동을 자녀가 똑같이 합니다. 부모 입장에서 볼 때, 자녀가 '자기로부터 보고 배우지 않았으면' 하는 행동을 그대로 따라 합니다. 이 글을 보시는 부모님과 그 자녀들은 어떠한가요?

부모님들은 보통 자녀의 문제 행동을 보면 "너는 누구를 닮아서 그 모양이냐?"라고 말합니다. 누구를 닮았겠습니까? 곰곰이 생각해보세요. 자녀의 문제 행동이나 모습이 언젠가 부모가 했던 행동과 모습 아니었나요? 알고 보면, 모든 자녀는 부모의 행동을 답습하여 행동하는 것입니다.

부부가 아이 앞에서 불화하고 싸우는 모습을 보여주면 아이는 정서적으로 불안하게 자랄 수밖에 없습니다. 그런 아이들은 반항적이며 문제아가 될 가능성이 높은 것이죠. 결국 부모의 행동이 아이들의 인격을 형성하고, 어린 시절의 상처가 자녀의 성장에 많은 영향을 미치는 것입니다.

또한 부모들의 자기중심적 성향도 문제가 됩니다. 부모들이 이기적으로 "너 때문에 이렇게 됐잖아"라는 식으로 아이에게 상처 주는 말을 하거나 화를 내곤 합니다. 그래놓고 속으로는 '다시는 그러지 말아야지' 결심하고 잠든 아이를 바라보며 미안하다고 말합니다. 하지만 고치지 못하고 또 그런 말을 반복하는 부모들이 많습니다.

돈을 벌어오고 밥을 주는 것만 부모 역할의 전부가 아닙니다. 아이의 감정을 보살펴주어야 합니다. 아이가 건강하게 자라기 위해서는 감정이 다치지 않게 소중하게 키워야 하고 정서적으로도 존중해주어야 합니다. 그러자면 아이 옆에서 든든하게 버팀목이 되는 부모가 되어야 합니다. 작은 문제 정도는 가끔 넘어가 주고, 잘못할 때는 지혜롭게 훈계해야 합니다.

사소한 이상행동과 작은 잘못에도 쉽게 야단을 맞는 아이는 주눅이 들고 마음에 화를 품게 됩니다. 아이가 작은 일에도 칭찬을 많이 받을 수 있도록 자주 격려해주세요. 칭찬을 받은 자녀들은 시간이 지나면서 표정이 밝아지고 행동도 긍정적으로 변하게 됩니다.

이제 문제 아이는 없고 문제 부모가 있음을 깨달으셨나요? 부모의 말과 태도와 행동부터 먼저 변화함으로써 자녀와의 관계가 더욱 친밀감 있게 될 것입니다.

부모-자녀
성장질문

질문
지금 부모로서 자녀에게 긍정적인 영향을 주고
있나요? 아니면 부정적인 영향을 주고 있나요?

_____

_____

_____

_____

_____

솔루션
부모로서(혹은 자녀로서) 문제행동이 무엇인지
적어보고, 부모의 말과 태도와 행동부터 먼저
변해보세요.

_____

_____

_____

_____

07일

아이를 망치는 부모가 자주 하는 행동

자녀를 양육할 때, 직접 때리는 것만 폭력이 아닙니다. 무관심도, 지나치게 큰 기대를 하는 것도 아이에겐 큰 상처가 됩니다.

아이를 키우면서 훈육과 가르침이라는 미명으로 갖은 잔소리와 호통을 퍼붓는 엄마와 아빠들이 많습니다. 매질하고 욕하고 밥을 굶기는 것만 폭력과 학대가 아닙니다. 잔소리와 호통도 폭력과 학대가 될 수 있습니다. 직접적인 폭력을 가하거나 욕을 하지 않더라도 아이에게는 잔소리가 학대와 다름없고, 오히려 체벌보다 더 상처를 주는 행동이 되는 것입니다.

부모가 아이를 복종하게 만들려고 지나치게 권위를 내세워 무시하고 무력감을 주는 말을 한다든지, 잔인한 말로 상처를 주고 자존감을 짓밟는 표정과 행동도 폭력이 될 수 있습니다.

반대로 어린 나이에 감당하기 어려운 큰 책임감을 지워주거나, 아이의 나이에 맞지 않는 의무를 지나치게 지우는 무책임한 태도 역시 학대와 폭력에 해당됩니다.

아이가 잘못했을 때 "이 바보 같은 녀석 같으니!", "너는 왜 그렇게 멍청해? 왜 말을 못 알아들어?" 하는 식으로 화를 내며 "너는 잘하는 게 하나도 없어!"라는 말로 아이의 자존감을 떨어뜨린다면, 듣는 자녀는 극도로 부정적인 자아상을 형성하게 됩니다.

물론 세상의 어떤 부모도 완벽할 수는 없겠죠. 어느 부모나 아이를 기르면서 부족한 면을 드러내고, 때로는 본의 아니게 아이에게 말과 행동으로 큰 실수를 하기도 합니다. 하지만 아이가 부모로부터 끊임없이 부정적인 말을 듣다 보면 그런 부정적인 말을 점차 내면화해서, 부모가 화가 났을 때 자신에게 내뱉는 말을 사실처럼 받아들이게 됩니다.

'아, 나는 정말 바보인가 보구나. 아, 나는 멍청인가 보구나.

아, 나는 잘하는 것이 하나도 없구나.'

이렇게 생각하면서 자연스레 정서적으로 위축되고 자신감이 저하됩니다. 대인관계에서도 문제가 발생합니다. 하지만 사랑과 이해 속에서 보살핌을 받을 경우, 자녀들은 건강하게 자랄 수 있습니다.

하나님께서는 자녀인 우리가 잘못했을 때, 우리의 연약함을 책망하지 않으시고 은혜를 베푸시며 인내해주셨음을 부모들은 기억해야 합니다.

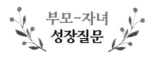

부모-자녀
성장질문

질문 아이를 망치는 부모의 행동은
무엇이라고 생각하나요?

_____

_____

_____

_____

_____

솔루션 자녀에게 상처 주었던 말과 행동이
미안하다고 말해주세요.

_____

_____

_____

_____

_____

_____

_____

08일

손님을 대하듯
아이를 존중해보십시오

부모들이 자녀를 대하는 태도를 보면 참 이상합
니다. 타인에 불과한 손님에게는 그렇게 친절하고
상냥하게 대하면서, 사랑하는 자기 자녀에게는 그렇게 대하
지 못하는 경우가 많습니다.

부모는 자녀를 하나님이 주신 선물로 여기며 그들을 세상
누구보다 존중하고, 무엇보다 개성을 가진 존재임을 인정하
는 것이 필요합니다.

자녀는 생각, 느낌, 감정, 재능이 부모와 전혀 다른 존재입
니다. 그런 아이를 존중하지 않고 아이의 감정을 받아들이지

않으면, 아이는 자존감과 자신감을 가질 수 없습니다.

일방적으로 모든 일을 잘하거나 성공하라고만 다그치고, 자녀와 제대로 의사소통을 하지 못한다면, 자녀는 분노가 쌓이고 제대로 생각할 수 없게 됩니다. 자녀가 정말 인생에서 성공을 거두기를 바란다면, 부모는 자녀를 제대로 인정하고 존중해주어야 합니다.

자녀를 인정하고 존중하기 위해 소통이 필요한데, 자녀와 소통하는 것은 '외국어를 배우는 것'에 비유할 수 있습니다. 그러므로 부모는 자녀들과 소통할 때 새로운 언어를 배우는 마음으로 접근해야 합니다. 그런데 그 언어는 생각만큼 어렵지 않습니다.

대개의 부모는 자녀와 어떻게 소통해야 할지 이미 알고 있습니다. 부모가 자녀를 비난하기 전에, 먼저 아이 편에 서서 아이의 감정을 이해해주면 되는 것입니다. 하지만 문제는 부모가 자녀와 대화할 때 자신의 감정을 먼저 따르기 때문에 생깁니다.

아이가 밖에서 넘어져 무릎이 깨져서 집에 들어온다면 어떻게 하시나요? 바로 응급처치를 하고 반창고를 무릎에 붙여줄 것입니다. 마찬가지로 아이가 밖에서 감정적으로 상처를 입었다면 바로 '공감하고 위로하는' 응급처치를 해주어야 합니다. 그게 부모가 할 일입니다. 덮어놓고 야단만 치면 아이는 의지할 곳도, 감정을 풀 데도 없어집니다.

부모는 아이가 밖에서 얼마나 수많은 좌절과 스트레스를 겪었는지 이해해야 합니다. 그런 아이에게 집과 부모의 품은 안심하고 쉴 수 있고, 자신이 이해받을 수 있는 유일한 안식처라는 것을 잊게 해서는 안 됩니다.

"네가 어떤 기분을 느끼는지 엄마 아빠는 충분히 알고 있단다. 오늘 밖에서 그런 일이 일어났다니, 네가 정말 힘들었겠구나."

이렇게 아이 편에 서서 아이의 감정을 어루만져 주세요. 이 말만으로도 아이는 마음이 풀리고 훨씬 행복해질 수 있을 것입니다.

부모-자녀 성장질문

질문

아이의 자존감을 낮추는 부모의 말과 행동은
무엇일까요?(본인의 경험을 말해보세요.)

_____

_____

_____

_____

_____

솔루션

"우리 아이는(가) ~구나" 하는 '~구나 대화법'으로
공감해주세요. (예 : 우리 영찬이가 많이 힘들었구나.)

_____

_____

_____

_____

_____

_____

09일

아이들이 부모에게서
가장 듣고 싶은 말

제 아이가 어렸을 때 담임선생님과 면담이 있어서 학교에 갔습니다. 담임선생님이 제 아이에게 물었습니다.

"부모님에게 가장 듣고 싶은 말이 뭐야?"

그러자 제 아들이 한 말은 이것이었습니다.

"따뜻한 말 한마디요."

저는 그 자리에서 한 대 얻어맞은 기분이었습니다.

"아니, 네가 잘했을 때는 얼마든지 따뜻한 말을 해줄 수 있어. 그런데 네가 잘못했을 때도 어떻게 따뜻한 말이 나갈 수 있겠니?"

그랬더니 아들이 하는 말이 흥미로웠습니다.

"아무리 그래도, 제가 큰 잘못을 했을 때도, 따뜻한 말 한 마디는 해주세요."

제가 그동안 아이를 위한답시고 칭찬과 격려보다 비난의 말을 더 많이 한 것 같아서 미안했습니다. 칭찬을 많이 하면 왠지 아이가 교만해질까 봐, 자만에 빠질까 봐 칭찬에 인색했던 것 같고, 더 잘하라고 채찍질하는 말로 아이를 대했던 것 같습니다.

요즘 맞벌이를 하는 부부가 많습니다. 직장에서 퇴근하고 집에 들어가선 이런 말을 해주고 계시는지요?

"아유, 우리 아들 보고 싶었어! 우리 딸 보고 싶었어! 하루 종일 잘 지냈어? 엄마가 우리 아들 사랑해! 우리 딸 사랑해! 아유, 정말 잘했네! 진짜 멋지다!"

이런 말을 자녀들에게 하고 계시는지요? 이런 말은 하나도 안 하고, 이런 말만 하진 않았는지요?

"학교 잘 다녀왔어? 숙제 했어? 학원 공부했어? 책 좀 읽었어? 네 방 정리 좀 하라고 했지!"

이런 말만 계속해서 아이들에게 쏟아내진 않았는지요? 부모가 아이에게 어떤 말을 가장 많이 하고 있는지, 한번쯤은

녹음을 해서 들어보시면 좋겠습니다.

　자녀들이 평생 부모 곁에 있을 것 같지요? 아이들이 그냥 부모와 계속해서 시간을 보낼 것 같지요? 부모들이 그런 착각을 하며 살고 있는데요, 사실 자녀들은 언젠가 부모 곁을 떠나갑니다. 요즘엔 결혼이 늦어져 비록 몸은 같이 있는 날이 길어져도 마음은 벌써 떠났을 수도 있습니다. 언젠가 어떤 모양으로든 떠나보내야 할 자녀들에게, 부모로서 지금 어떤 말을 하고 있는지 생각해보셨나요?

　자녀가 지금 어떤 환경에 처해 있는지 살펴보고, 어떤 상황에 있을지라도 따뜻한 말 한마디를, 자녀에게 위로와 격려가 되는 말을 하면 좋겠습니다.

　그런데 여기서 잠깐, 특히 우리 어머니들이 자녀에게뿐 아니라 남편에게 어떤 말을 가장 많이 하고 있는지 생각해보면 좋겠습니다.

　"얼른 일어나요. 밥 먹어요. 잘 다녀와요. 이따 봐요. 먼저 자요. 아니, 왜 그렇게 했어요?"

　남편에게 이런 말만 하고 있지는 않은지요?

　또, 남편들도 아내에게 무슨 말을 하고 계시지요?

　"어, 여보 정말 수고했어요. 애썼어요. 다 당신 덕분이야."

　이런 말을 해야 하는데, 반대로 이렇게 말하고 있지는 않은지요?

"집에서 뭐 하고 있는 거야? 집이 왜 이 모양이야? 왜 애들이 저래? 왜 내 말을 안 들어? 다 당신 때문이야!"

이런 말로 아내를 비난하고 있지는 않은지요.

자녀교육은 부부가 함께하는 것이지요. 그렇기 때문에, 남편과 아내가 아빠와 엄마로서 가족들에게 어떤 말을 하고 있는지 다시 한번 돌아보는 시간을 가져보면 좋겠습니다.

민수기 14장 28절에 이런 말씀이 있습니다.

"그들에게 이르기를 여호와의 말씀에 내 삶을 두고 맹세하노라 너희 말이 내 귀에 들린 대로 내가 너희에게 행하리니."

우리가 하는 말이 하나님의 귀에 들린 대로 하나님께서 우리에게 행하시겠다고 하십니다. 두려운 말씀이 아닌지요?

지금 배우자가 내 옆에 있고, 내 아이들이 옆에 있고, 가족이 이렇게 함께 있는 것이 얼마나 큰 축복인지요? 가족이 함께하는 지금 이 시간을 서로 소중히 여긴다면, 따뜻한 말 한마디로 서로를 격려한다면, 머리 아픈 부모, 가슴 아픈 자녀가 되지 않을 것입니다.

부모-자녀
성장질문

질문 우리 자녀가 부모에게서 듣고 싶은 말은
무엇인가요?

_____

_____

_____

_____

_____

솔루션 자녀를 안아주면서
따뜻한 말을 해주세요.

_____

_____

_____

_____

_____

_____

10일
사실을 말하지 말고
공감해주세요

부모는 언제나 자녀가 잘 되기를 원합니다. 그래서 자녀가 바르게 자라나기를 바라는 마음에서 언제나 옳은 지적을 합니다. 그런데 이것이 자녀와의 대화를 어렵게 한다는 사실을 부모님들은 잘 모릅니다.

자녀와의 소통이 어려운 이유는 아이의 감정을 무시한 채 언제나 사실을 이야기하기 때문입니다.

한 가지 예를 들어봅시다. 비가 오는 날, 부모님은 아이가 우산을 잘 챙겨서 비를 맞지 않고 학교에 가도록 합니다. 그런데 아이가 학교에서 우산을 잃어버리고 비를 흠뻑 맞은 채

집에 들어올 때가 있습니다. 그러면 부모님들의 반응은 대부분 이런 겁니다.

"우산은 어떻게 하고 비를 맞고 집에 왔니!"

아이는 학교에서 우산을 잃어버렸다고 말하고, 부모님은 속상한 마음에 아이를 다그칩니다.

"내가 우산 잘 간수하라고 했니? 안 했니?"

그렇지 않아도 우산을 잃어버린 것 때문에 잔뜩 긴장하고 있는 아이는 부모님이 지적한 사실 때문에 힘들어하고, 부모님은 속상해서 아이에게 잔소리를 퍼붓게 됩니다. 이런 상황은 아주 흔하게 발생하는 일입니다.

그렇다면, 이 상황에서 '사실'은 우산을 잃어버린 것입니다. 자녀와 이 사실에 대해 편안하게 대화하려면 어떻게 해야 할까요?

우산을 잃어버린 일은 현재로서는 어쩔 수 없는 사실입니다. 그러나 부모가 아이와 친밀감 있는 관계를 형성하기 위해서는 우산을 잃어버린 아이의 마음을 만져주는 공감의 말을 먼저 해야 합니다.

"아들아, 우산을 잃어버려서 많이 놀라고 당황했겠구나. 엄마도 당황스러운데 너는 비까지 맞아 많이 추웠겠다. 다음부터는 이런 일이 없도록 우산을 잘 간수하도록 하자."

이렇게 공감부터 해준다면 아이는 마음에 죄책감이 들지 않고 부모에 대해 두려운 마음을 갖지 않을 것입니다.

제가 어렸을 때 동생들과 방에서 놀다가 물건을 위로 던진다는 게 너무 높이 올라가, 그만 형광등을 깨버린 적이 있습니다. 깨진 형광등은 방바닥에 흩어졌는데, 이런 상황을 보신 제 아버지는 화를 내시는 대신 저와 동생에게 다친 데는 없는지 먼저 살피셨고, 조심스레 형광등 잔해를 정리해주셨습니다. 그 기억이 지금까지 오래 따뜻하게 남아 있습니다.

아마도 그때 제 장난으로 깨진 형광등으로 인해 체벌을 받거나 화를 내시는 부모님을 경험했더라면 부모님은 나에게 두려운 존재가 되고, 이후 나의 잘못을 숨기거나 변명하는 습관이 생겼을지 모릅니다.

그러나 사실에 대한 지적을 넘어서 공감을 받고 자란 자녀들은 아무리 힘든 환경도 잘 극복해나갈 수 있을 것입니다. 어떠한 어려움이 생겨도 공감해주고 지지해주는 부모님이 뒤에 있다는 생각을 하기 때문이지요.

성경은 예수님도 어린아이들에게 관대함과 공감을 가지신 분이라고 기록하고 있습니다.

"사람들이 예수께서 만져주심을 바라고 자기 어린 아기를 데리고 오매 제자들이 보고 꾸짖거늘 예수께서 그 어린 아이들을 불러 가까이 하시고 이르시되 어린 아이들이 내게 오는 것을 용납하고 금하지 말라 하나님의 나라가 이런 자의 것이니라"(눅 18:15-16).

'따뜻한 말에는 꽃이 핀다'라는 말이 있습니다. 자녀들에게 공감이 담긴 따뜻한 말로 대화할 때, 자녀는 마음을 열고, 부모님과 어떠한 어려운 문제라도 대화할 수 있는 친밀감 있는 관계가 될 것입니다.

지금 부모님은 자녀에게 사실만을 말하고 있나요? 아니면 공감해주고 있나요?

부모-자녀 성장질문

질문 지금 부모님은 자녀에게
사실만을 말하고 있나요?

_____

_____

_____

_____

_____

솔루션 사실에 대한 지적을 하기 전에 먼저
자녀의 마음을 공감해주세요.

_____

_____

_____

_____

_____

_____

2장

가족끼리 사랑하는 법

11_일

사자와 소처럼
사랑하고 있진 않나요?

이솝우화에 나오는 '사자와 소의 사랑'에 대해 생각해보려 합니다.

사자와 소는 첫눈에 반하여 사랑에 빠지게 됩니다. 둘은 너무나 사랑하였습니다. 소는 매일 사자를 위해 신선한 풀을 뜯어 사자에게 주었으며, 사자는 소를 위해 신선한 고기를 가져다 주었습니다. 그러나 소와 사자는 눈앞의 풀과 고기를 보고도 먹지 못했습니다. 소는 풀을 먹는 초식동물이고, 사자는 고기를 먹는 육식동물이기 때문입니다. 결국 서로를 이해하지 못하고 헤어지게 됩니다. 헤어지던 날, 소와 사자의 마지막 말은 같았습니다.

"나는 당신에게 최선을 다했어요."

아이들과 이야기를 하다 보면 의외로 자신을 사랑한다는 부모 때문에 고민하는 경우가 많습니다. 부모는 사랑으로 한 말이었으나 아이에게는 상처가 되어, 평생의 큰 트라우마로서 가슴에 멍울로 남을 수 있습니다. 그 원인은 부모가 해결하지 못한 상처 때문입니다.

부모가 자신의 문제와 상처를 해결하지 못한 채 아이를 사랑한다고 안아주면, 그 상처가 오히려 비수가 되어 아이를 찌릅니다. 아파하는 아이가 미안하고 안쓰러워 더 끌어안을수록 비수는 더 깊숙이 찔리는 것입니다. 이것이 부모와 자식 간의 슬픈 사랑이 될 수도 있습니다. 그래서 지금 부모가 하고 있는 사랑의 표현방식에 대해 늘 성찰해야 합니다.

호세아 4장 6절에 이런 말씀이 있습니다.

"내 백성이 지식이 없으므로 망하는도다."

저는 '사자와 소의 사랑 이야기'처럼 "나는 내 자녀들에게 내가 할 수 있는 한 최선을 다했어"라고 말하는 부모님들을 많이 만날 수 있었습니다. 그러나 부모가 자녀의 입장에서 생각하지 않고 자기 관점에서만 최선을 다하는 것은 부모와 자녀 사이가 최악으로 가는 지름길이 될 수 있습니다.

우리는 안타깝게도 부모의 욕심으로 자녀들을 힘들게 하는 경우를 주변에서 종종 볼 수 있습니다. 부모가 이루지 못한 꿈을 자녀에게 주입시키기도 합니다.

그러나 자녀들은 부모가 원하는 색깔대로 색을 칠하는 스케치북이 아닙니다. 자신의 인생을 직접 색칠할 수 있도록 자녀가 관심 있어 하는 화제를 같이 찾아보고, 세계 곳곳의 흥미로운 분야에도 시야를 넓혀주며 자녀와 함께 시간을 갖는다면, 행복한 부모, 행복한 자녀가 될 것입니다.

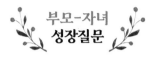

부모-자녀
성장질문

질문 우리 아이의 장래 희망을
알고 계시나요?

_____

_____

_____

_____

_____

솔루션 자녀의 달란트와 장래 희망이
무엇인지 적어보세요.

_____

_____

_____

_____

_____

_____

_____

12일

탈무드의 질투 이야기가
주는 교훈

상담을 하다 보면 형제 자매간의 질투로 인해 고민하는 부모님들이 많습니다. 창세기 4장을 보더라도 가인이 질투로 인해 동생 아벨을 죽이는 죄가 나옵니다. 이처럼 질투는 질투의 대상에 대한 미움이 생기게 해 살인의 동기가 되는 무서운 죄이기도 하고, 너무나도 쉽게 우리의 마음을 병들게 합니다.

사람들은 자신에게 다른 사람보다 조금이라도 나은 점이 발견되면 곧 교만해져 다른 사람을 무시하게 되고, 다른 사람보다 자신에게 조금 모자라는 것이 발견되면 금방 열등감을 갖고 질투하게 됩니다. 질투는 이처럼 비교의식과 열등감에서 비롯됩니다.

비교할만한 누군가가 없다면 질투도 아마 없을 것입니다. 그렇기 때문에 비교의식과 열등의식과 질투는 서로 사촌 사이임을 알 수 있습니다.

탈무드에도 질투 이야기가 나옵니다. 나이 많은 한 성자가 홀로 광야 길을 가다가 젊은 사람 둘을 만났습니다. 세 사람이 동행하며 길을 가게 되었는데, 이 성자가 보니 두 젊은이 중 한 사람은 욕심이 너무 많고, 한 사람은 질투가 마음에 가득 차 있었습니다.

어느덧 해질녘이 되자 성자는 두 사람이 자신과 동행해준 것에 대해서 고맙게 생각하여 이렇게 말했습니다.

"내가 자네들의 소원을 들어주겠네. 둘 다 같은 걸로 한 가지만 말해야 하네. 단, 먼저 소원을 구한 사람보다 다음 사람이 그 두 배를 갖게 될 것이네."

이 말을 들은 젊은이들은 먼저 말하면 하나를 받게 되고, 그 다음 사람은 두 배를 받게 된다고 이해하여, 서로 말을 하지 않고 눈치만 보며 시간만 흐르게 되었습니다.

이윽고 성자와 헤어질 시간이 되어, 소원을 말하는 것을 더 이상 미룰 수 없는 상황이 되었습니다. 그러자 욕심 많은 친구가 질투 많은 친구에게 먼저 말하라고 협박했습니다. 하는 수 없이 질투 많은 친구가 먼저 소원을 말하게 되었습니다.

"내 눈을 하나 빼 주세요."

그 말에 따라 자신의 한쪽 눈이 빠지게 되었습니다. 욕심 많은 친구는 어떻게 되었을까요? 소원의 두 배를 받게 되어, 양쪽 눈이 모두 빠져버렸다는 이야기입니다.

질투는 자신이 손해를 입을지라도 상대방이 잘되는 것을 막거나 상대방의 행운까지 빼앗으려는 못된 심리가 있습니다. 자신의 출혈까지 기꺼이 감수하면서 악을 자행하게 만드는 것입니다.

야고보서 3장 14절부터 16절에 이런 말씀이 있습니다.

"너희 마음속에 독한 시기와 다툼이 있으면 자랑하지 말라 진리를 거슬러 거짓말하지 말라 이러한 지혜는 위로부터 내려온 것이 아니요 땅 위의 것이요 정욕의 것이요 귀신의 것이니 시기와 다툼이 있는 곳에는 혼란과 모든 악한 일이 있음이라."

오직 위로부터 오는 지혜를 구하십시오. 예수 그리스도 안에서 스스로 당당할 수 있다면 질투는 크게 줄어들 수 있을 것입니다.

부모-자녀 성장질문

질문 부모님은 자녀들을 (형제자매끼리 혹은 다른 집 자녀와)
비교하지는 않나요?

_____

_____

_____

_____

_____

솔루션 각각의 자녀들의 장점을
말해주고 격려해주세요.

_____

_____

_____

_____

_____

_____

_____

13일

50대 후반의 영미 씨가
지금도 불안한 이유

50대 후반 나이로 자영업을 하는 영미 씨가 상담을 하러 왔습니다. "어린 시절은 어땠느냐?"라는 저의 질문에 무거운 마음을 풀어 놓았습니다. "늘 우울했고 불안에 떨었습니다. 늘 혼자였어요. 특히 집에 들어가기가 너무 싫었어요. 부모님은 하루가 멀다고 늘 다퉜는데, 고성과 욕설은 기본이고 때로는 밥상이 날아다녔습니다"라고 했습니다. 그래서 어머니는 툭하면 영미 씨에게 짜증을 냈고, "내가 너 때문에 저 인간과 같이 살 수밖에 없다"라면서 자신의 신세를 한탄했습니다.

어린 영미 씨는 '엄마가 자신을 버리고 집을 나가버릴까 봐' 늘 불안했습니다. 더 나아가 '자신이 잘못하면 엄마가 더 힘들어질까' 싶어서 울고 싶어도 참고, 투정을 부리고 싶어도 또 참고, 늘 노심초사하면서 어른 같은 아이로 자라났습니다. 사춘기 시절도 역시 우울했지만, 조금만 더 버티면 성인이 되어서 이 답답한 집을 벗어날 수 있다는 희망 하나로 견뎠습니다.

졸업 후에 바로 취직했고, 그리고 직장에서 만난 사람과 몇 개월 만에 결혼해버렸습니다. 결혼과 더불어 모든 문제가 해결된 듯했지만 그것도 잠시, 곧이어 깊은 우울과 불안이 찾아왔습니다.

영미 씨의 사례에서 보듯이, 부모 사이가 불안정한 가정에서 성장한 사람들은 사랑과 관심에 늘 목말라 합니다. 그리고 사람에게 버림받을까 싶어 항상 두려워하는 마음이 있습니다. 하고 싶은 말이 있어도 제대로 주장하지 못하는 사람, 억울한 일을 당해도 아무 말 하지 못하다가, 집에 와서 곰곰이 생각해보니 상대에게 너무 화가 나고, 또 말 못 하는 자신에게도 화가 치밀어 오르는 사람, 그러면서도 정작 비슷한 상황이 되면 또 다시 눈치 보기에 급급한 사람이 되기도 합니다.

잠언 17장 1절은 "마른 떡 한 조각만 있고도 화목하는 것이 제육이 집에 가득하고도 다투는 것보다 나으니라"라고 말씀하고 있습니다.

흔히들 부부싸움은 '칼로 물 베기'라고 말합니다. 이 말은 해도 소용없는 짓이니 할 필요가 없다는 뜻이 아니라, "이겼다고 이긴 것이 아니고, 반대로 졌다고 진 것이 아니다"라는 뜻입니다.

부부는 서로를 대적하는 상대가 아닙니다. 공존하고 상생하는 존재입니다. 이제 부부가 싸움은 그치고 우리의 아이들을 멋지게 키워내는 삶의 동반자가 되세요.

질문 자녀 앞에서 신세한탄을 하거나
부부싸움을 자주 하지 않나요?

_____

_____

_____

_____

_____

솔루션 부부싸움을 한 다음에는
자녀 앞에서 사과하고 화해하세요.

_____

_____

_____

_____

_____

_____

_____

14일
"다 너를 사랑해서
이러는 거야!"

가족 간에는, 특히 부부 사이는 가능하면 운전
교습은 피하라고들 합니다. 실제로 자기 아내에게
자동차 운전을 가르치다 싸움을 하게 돼 이혼까지 할 뻔했다
는 이야기를 종종 듣습니다. 저도 그랬습니다. 왜 그럴까요?
　자동차 운전은 자칫하면 사고로 이어질 수 있기 때문에 남
편 입장에서는 더 상세히 알려주고 싶은 마음이 있을 것입니
다. 그러나 운전을 배우는 아내 입장에서는 사고에 대한 불
안한 마음 때문에 소심하게 행동함으로써, "그것 하나 빨리
못 배운다"고, "주차 하나 정확하게 못한다"고 비난하는 남편

의 잔소리와 고함 때문에 사존심도 무척 상하고 기분도 좋지 않게 되지요.

그런데 한번 다시 생각해보면, 남편은 분명히 아내를 사랑하기 때문에 한 말이었는데, 듣는 사람 입장에선 그런 생각은 전혀 들지 않고 자기를 무시한다는 생각만 든다는 것입니다.

남편이 운전하는 차를 같이 타고 나가면, 옆에 탄 저는 이렇게 말할 때가 많습니다.

"속도 좀 줄이세요! 어머, 옆에서 차 들어와요! 아, 브레이크 좀 살살 밟으세요! 이 길은 막히니까 다른 길로 빠지죠!"

마치 남편은 옆자리에 교통경찰관을 태우고 가는 것처럼 느껴지고, 저는 그 교통경찰관 역할을 하고 있는 모습을 발견합니다. 저는 남편을 사랑하기 때문에 협조한다는 뜻으로 말한 것뿐인데, 듣는 남편 입장에서는 아내가 "이래라 저래라" 하는 통제의 의미가 되고 맙니다.

누군가가 자기를 통제한다고 느끼면 당연히 기분이 좋을 리 없습니다. 그러면 한두 번은 참아주던 남편에게서 바로 이어져 쏘아붙이듯 나오는 말이 있습니다.

"아, 그렇게 간섭하고 싶으면 당신이 운전해!"

자녀와의 대화에서도 마찬가지입니다.

남의 비평도 들으면 서운하고 기분이 좋지 않은데, 가족들이 안 좋은 비평을 하면 더 쉽게 기분이 상합니다. 그런데 가족들은 말합니다.

"다 너를 사랑해서 하는 말이야. 너를 사랑하기 때문에, 너에게 피가 되고 살이 되라고 이런 말을 하는 거야."

가족들 사이에서는 본의 아니게 좋지 않은 과거를 들추는 말을 많이 하게 됩니다. 이런 말은 사소한 기억일지라도 상대방의 기분을 매우 상하게 합니다. 그래서 부모와 자녀가 서로 노력해야 할 일은, 부부 사이나 부모로부터 안 좋은 비평을 듣게 되는 경우라면 그 말 속에 담겨 있는 관심과 사랑의 마음을 읽으라는 것입니다. 가정이라는 행복한 공동체를 세우기 위해 서로 협력하고 이해하려는 마음이 필요하기 때문이지요. 물론 비평부터 하기보다 부드럽게 격려하는 말을 먼저 하는 게 더 좋겠지요.

잠언 25장 15절에 "부드러운 혀는 뼈를 꺾느니라"라는 말씀이 있습니다. 거친 말은 뼈를 꺾지 못하지만 부드러운 말은 뼈를 꺾습니다. 자녀들에게 친절하고 부드러운 말로 대화해주세요.

부모-자녀 성장질문

질문

사랑이라는 이름으로 아이에게
상처를 준 일은 없나요?

_____

_____

_____

_____

_____

솔루션

상처를 준 것에 대해
가족이 서로 용서를 구하세요.

_____

_____

_____

_____

_____

_____

15일
고슴도치가 사랑하고
포옹하는 법

고슴도치 한 마리에 몇 개의 가시가 있을까요?

보통 5천 개의 가시가 있다고 합니다. 그런데 이렇게 많은 가시를 가지고도 고슴도치는 서로 사랑하고 새끼를 낳고 잘 어울린다고 합니다. 이것이 어떻게 가능할까요? 고슴도치의 바늘과 바늘 사이, 즉 가시와 가시 사이를 조심스레 잘 연결해서 서로 찔리지 않도록 하기에 가능하다고 합니다

사람에게도 가시가 많습니다. 때로는 가까운 가족들에게 더 많은 아픔과 상처를 주고받으며 살아갑니다. 그렇다면, 우리에게 가시가 있더라도 어떻게 하면 서로 사랑하며 살아

갈 수 있을까요? 방법은 나보다 상대방을 더 살피는 것, 바로 배려입니다. 고슴도치처럼 조심조심 서로를 살피는 것입니다. 아끼고 이해해주며, 자녀가 아프지 않게 조심해서 말하는 것입니다. 그러면 서로 단점과 아픔이 있어도 안아주며 사랑할 수 있겠지요.

시편 133편에 이런 말씀이 있습니다.

"보라 형제가 연합하여 동거함이 어찌 그리 선하고 아름다운고 머리에 있는 보배로운 기름이 수염 곧 아론의 수염에 흘러서 그의 옷깃까지 내림 같고 헐몬의 이슬이 시온의 산들에 내림 같도다 거기서 여호와께서 복을 명령하셨나니 곧 영생이로다."

삼 형제가 아름답게 연합한 실화가 있습니다. 경북 울진에 있는 작은 바닷가 마을에 '삼 형제의 집'이라는 이름이 붙은 100년 된 고옥(古屋)이 있습니다. 삼 형제는 아버지가 돌아가시고 난 4년 뒤에, 어릴 적 추억이 담긴 이 고향 집을 가족사 박물관으로 만들었습니다. 벽에는 부모님과의 추억이 담긴 삼 형제의 사진과 상장과 성적표를 자랑스럽게 붙였습니다. 부엌에는 가족의 생계를 책임졌던 어머니가 두부를 만들 때 쓰던 맷돌도 있고, 아버지가 생전에 즐겨 쓰던 모자는 안방 한쪽에 잘 전시해 놓았습니다.

삼 형제는 시흥, 포항, 대구에 흩어져 살고 있지만, 여름이면 모두 이 고향 집으로 여름휴가를 갑니다. 여기서 부모님과의 따뜻한 추억을 회상하며 삼 형제가 아름다운 우애를 쌓아갑니다.

자, 그럼 세상에서 가장 추억을 많이 만들어내는 곳은 어디일까요? 바로 우리들의 가족이 있는 따뜻한 가정이 아닐까요?

고슴도치도 몸에 5천 개의 가시가 있음에도 불구하고 자기 새끼는 사랑하고 잘 보살피는 것처럼, 우리 가정도 아픔과 상처를 뛰어넘어 세상에서 가장 행복한 추억을 많이 만들어내는 장소가 되기를 바랍니다. 그러면, 머리 아픈 부모, 가슴 아픈 자녀는 되지 않겠지요?

부모-자녀 성장질문

질문

자녀를 아프게 하는
나의 가시는 무엇입니까?

_____

_____

_____

_____

_____

솔루션

나의 가시가 무엇인지 적어보고
하나씩 제거해 나가세요.

_____

_____

_____

_____

_____

_____

_____

16일

우리 가족은
유리로 만든 공입니다

어느 날 강의를 마치고 난 다음 남자 한 분이 저를 찾아왔습니다. "잠깐 상담을 해도 될까요?" 하셔서 "네, 무슨 내용입니까?" 하고 물으니, 그 분이 이야기하기를 "저는 돈이 많아서 고민입니다"라고 하셨습니다. (저도 돈이 많아서 고민 좀 해봤으면 좋겠습니다.)

"아니, 돈이 많은데 뭐가 고민입니까?" 물었더니 그 분이 답하기를 "남들은 돈이 없어서 걱정이겠지만, 저는 돈이 많아서 고민입니다" 하셨습니다. 그래서 "얼마나 있습니까?" 물었더니 무려 몇백억 원대의 거대 자산가였습니다. "아니, 그

렇게 돈이 많은데 무엇이 고민입니까?"라고 물었습니다. 그
랬더니 이런 말을 하셨습니다.

"네, 자식 때문에 걱정입니다. 아들이 하나 있는데, 아버지
가, 제가 빨리 죽기만을 기다리고 있습니다."

그리고 이런 한탄을 했습니다.

"나는 돈을 모으기 위해 평생 아내도 아이도 돌보지 않고,
열심히 일만 해서 먹고 살 만큼 돈을 많이 모았지만, 이제 와
서 뒤를 돌아보니 이미 아내와 관계가 어려워졌고, 아이와의
관계도 깨어진 상태여서 대화도 안 됩니다. 그런데 평생 모
은 돈을 아들에게 줘보았자 날리는 것은 순간인데, 나는 돈
도 잃고 자식도 잃게 되었습니다."

들어보니, 돈이 많아서 고민이라는 말이 처음에는 이해가
잘 안 되었지만, 실제로 '돈이 그 분에게는 정말 고민이겠구
나' 하는 생각을 하게 되었습니다.

가족은 유리공입니다. 떨어뜨리면 깨지고 맙니다. 다시는 튀
어 올라올 수 없습니다. 건강과 영혼과 친구도 그렇습니다. 어쩌
면 대부분의 인간관계도 마찬가지일 수 있습니다.

하지만 우리가 일상에서 하는 일은 고무로 만든 공입니다.
실수로 손에서 놓치더라도 다시 튀어 오릅니다. 곧 회복된다
는 것이지요.

브라이언 다이슨 전 코카콜라 CEO는 인생을 '일, 가족, 건강, 친구, 영혼이라는 공을 공중에서 쉼 없이 돌리는 저글링 게임'에 비유하며 이렇게 말했습니다.

　"업무시간에 효율적으로 일하면서 제 시간에 퇴근하십시오. 그리고 가족들과 더 많은 시간을 가지십시오."

　시편 128편 3,4절도 이렇게 말합니다.

　"네 집 안방에 있는 네 아내는 결실한 포도나무 같으며 네 식탁에 둘러앉은 자식들은 어린 감람나무 같으리로다 여호와를 경외하는 자는 이같이 복을 얻으리로다."

　지금 이 순간도 정말 중요한 것을 놓치며 살고 계시지는 않으신지요? 삶의 우선순위가 무엇인지, 가장 소중한 것이 무엇인지를 알 때 인생을 의미있고 가치있게 살 수 있을 것입니다.

질문   우리 가족의 유리공은 금이 가 있거나
깨어지지 않았나요?

_____

_____

_____

_____

_____

솔루션   하루 24시간에서 우선순위를 두어
가족들과 더 많은 시간을 할애하세요.

_____

_____

_____

_____

_____

_____

_____

17일

부부싸움을 한 다음
해결하는 법

자녀 문제로 상담을 받으러 온 한 엄마가 있었습니다. '워킹맘'으로서 두 아이를 돌보느라 몸과 마음이 너무 힘든데, 남편은 전화도 잘 안 하고 매일 늦게 들어오고, 가끔 힘들다고 투정하면 "당신만 힘들어? 나도 힘들어! 내가 놀다 늦게 들어와?" 합니다. 돌아오는 대답이 몇 년째 이렇다 보니 대화는 불통이고 몸과 마음은 점점 지쳐만 가고, 이렇게 사느니 차라리 이혼하고 혼자 아이 키우는 게 낫겠다는 말을 했습니다. 상황이 그렇다 보니, 사소한 일에도 부부가 서로 언성이 높아지고, 아이들 앞에서 크게 욕하고 싸워서, 이제는 아이들이 불안해 한다고 하소연했습니다.

부부가 언제나 연애 감정으로만 살 수는 없겠죠. 살다 보면 싸울 수도 있지요. 솔직히 말씀드리면, 저희도 비슷한 경험을 했습니다.

아이들이 어렸을 때, 남편과 제가 이야기하다 의견이 대립돼 언성이 높아졌습니다. 그때 둘째 아들이 이런 말을 했습니다.

"형은 엄마를 닮았으니까 엄마하고 살고, 나는 아빠를 닮았으니까 아빠하고 살면 되겠네."

아니, 저희 부부가 욕하거나 크게 싸운 것도 아니고 이혼하겠다는 말을 한 것도 아니었는데, 아이는 부모가 싸우는 모습에서 벌써 부모와 분리할지도 모른다는 불안과 공포를 느낀 것이었습니다. 그때 저는 아이의 그 말 때문에 큰 충격을 받아 웃을 수도 울 수도 없었습니다.

아이들 앞에서 부부가 크게 욕하고 싸워서 아이들을 불안하게 만드는 일은 이처럼 좋지 않습니다. 물론 부모가 살면서 아이들 앞에서 싸우는 모습을 전혀 안 보일 수는 없습니다. 하지만, 아이들이 공포감을 느낄 정도로 과격하게 싸우는 모습은 보여주지 말아야 합니다. 그럴 때는 차라리 밖에서 싸우고 들어오세요.

부모가 싸우면, 아이들에게는 그 상황이 전쟁이 일어난 것과 똑같은 불안과 공포를 느끼게 해줍니다. 그래서 만약 아이들 앞에서 그렇게 싸우게 되더라도, 싸우고 난 뒤에는 아이들에게 반드시 사과해야 합니다.

"엄마와 아빠가 너희들 앞에서 크게 욕하고 싸운 것은 정말 잘못했어. 미안해."

그리고 아이들의 감정을 읽어주어야 합니다.

"엄마 아빠가 싸우고 있을 때 너희들은 많이 무서웠지? 많이 힘들었지? 엄마가 너였다면 엄청 무서웠을 것 같아. 네 마음은 어땠어?"

"응, 많이 무서웠어. 엄마, 아빠가 헤어지는 줄 알았어. 나는 누구와 살아야 하나 고민하고 있었어."

이렇게 말로 표현하는 아이도 있지만, 말로 잘 표현하지 못하는 아이도 있습니다. 그럴 때는 그냥 공감해주세요. 아이 입장에 서서 "그때 많이 무서웠지? 힘들었지?" 하면서 부모가 잘못을 인정하고 사과하세요. 아이들이 느낀 불안이 나중에 커서 어떻게 나타날지 모르기 때문에, 아이들의 정서를 꼭 이렇게 만져주어야 합니다.

그렇다면, 몇 달 전, 심지어 몇 년 전에 싸웠던 일은 어떻게 할까요? 그렇게 오래된 일일지라도 지금 생각이 난다면 아이들 앞에서 사과하고 지나가세요. 아이들은 나이가 들어도 엄마 아빠가 싸웠던 일이 머리에 각인돼 있습니다.

"엄마 아빠가 몇 달 전에 너희들 앞에서 이렇게 저렇게 싸웠는데, 정말 미안해. 용서해줘. 그때 네 마음이 어땠어?"

이렇게 자녀에게 그때 느낀 감정을 물어보세요. 아이에게 맺혀 있던 감정을 반드시 풀어주고 지나가면 좋습니다.

시편 127편에는 이런 말씀이 있습니다.

"보라 자식들은 여호와의 기업이요, 태의 열매는 그의 상급이로다 젊은 자의 자식은 장사의 수중의 화살 같으니 이것이 그의 화살통에 가득한 자는 복되도다. 그들이 성문에서 들의 원수와 담판할 때에 수치를 당하지 아니하리로다."

여러분의 집은 그냥 집인 'house'인가요? 아니면 많은 시간을 함께 보내는 'home'인가요? 모두 그냥 잠만 자고 나가는 '하우스'가 아니라, 부부싸움 후에도 해결 방법을 잘 찾아서 가족이 함께 행복한 시간을 보내는, 천국 같은 '홈'이면 좋겠습니다.

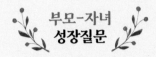

**부모-자녀
성장질문**

질문 우리 부부가 주로 싸우는 주제(이유와 원인)는
무엇인가요?

_____

_____

_____

_____

_____

솔루션 부부대화법에 관한 책과 동영상을 보고
부부에게 적용해보세요.

_____

_____

_____

_____

_____

_____

_____

18일

자녀 훈육, 첫 단추를 잘 끼우세요

어느 부부가 쉰살이 넘어서 아들을 낳았습니다. 늦둥이를 얻은 부부는 기뻐서 어쩔 줄을 몰랐습니다. 아버지는 재롱을 부리는 아들에게 장난기 있는 목소리로 이렇게 말했습니다.

"얘야, 가서 엄마를 한 대 때리고 오렴."

아들은 막대기로 엄마를 때렸습니다. 아들에게 매를 맞은 엄마는 웃으면서 "아빠도 한 대 때리렴" 하고 말했습니다.

부모는 재롱둥이 아들에게 매를 맞는 것이 즐거웠습니다. 아들에겐 부모를 때리는 일이 흥미로운 오락이 되고 말았습니다. 그러나 아들이 점점 나이가 들면서 손의 힘이 세졌습니다. 부모는 장성한 아들에게 종종 손찌검을 당했습니다. 아들은 걸핏하면 부모를 때리는 패륜아가 되고 말았습니다.

어느 날 노부부는 아들을 불러 놓고 부모를 때리는 것은 좋지 않다고 훈계했습니다. 그러나 이미 습관으로 굳어버린 아들의 행동을 고칠수는 없었습니다. 그때부터 부모는 아들이 무서워 벌벌 떨었습니다. 부모의 잘못된 교육이 불행을 가져온 것입니다. 귀엽다고 마냥 '오냐오냐' 하며 키우면 안된다는 교훈입니다.

곧은 묘목이 결국 좋은 건축자재가 되듯이, 우리 자녀들이 인격의 첫 단추를 바르게 잘 끼울 수 있도록 말씀에 기초하여 잘 훈육하는 것이 필요합니다.

잠언 13장 24절에 "매를 아끼는 자는 그의 자식을 미워함이라 자식을 사랑하는 자는 근실히 징계하느니라"라는 말씀이 있습니다.

요즘 '맘충'(엄마벌레)이라는 말이 유행한다고 합니다. 공공장소나 식당에서 소란 피우는 아이를 조용히 훈계하거나 야단치기는커녕, 자신의 자녀가 자존감이 떨어진다고 도리어 상대방에게 큰소리치는 엄마들을 말합니다. 우리는 그런 '엄마벌레'를 가끔 만날 수 있습니다. 자기 자녀를 귀하게 여기는 건 이해하지만, 그건 분명히 잘못된 태도입니다.

어릴 때 귀엽고 사랑스럽던 자녀가 성장해서 부모의 걱정거리가 되기도 합니다. 그래서 스코틀랜드 속담에 "자식이 어릴 때는 재롱으로 부모의 두통을 없애주지만, 자라서 성인이 되면 (그 재롱이 나쁜 버릇이 되어) 부모에게 근심 걱정을 끼쳐 오히려 두통거리를 만들어준다"라는 말이 있습니다.

우리 자녀들이 인격의 첫 단추를 잘 끼울 수 있도록, 말씀에 기초하여 잘 훈련시켜주시기 바랍니다.

질문
우리 부부의 자녀교육 방법은 성경적이라고
생각하시나요?

_____

_____

_____

_____

_____

솔루션
말씀에 기초한 자녀교육을 위해 자녀와 함께
말씀암송을 시작하세요.

_____

_____

_____

_____

_____

_____

_____

19일

도움이 되는 칭찬,
도움 안 되는 칭찬

부모에게는 자녀들을 칭찬해야 하는 이유가 많습니다. 자녀들은 칭찬을 통해 사랑을 느끼고 확인하며, 자긍심을 형성하는 데 긍정적인 영향을 받기 때문입니다.

또한 칭찬이 필요한 이유는, 칭찬받은 일을 지속적으로 반복하도록 동기를 부여해주어 좋은 습관을 기를 수 있기 때문입니다. 존 가트맨(John Gottman) 박사는 《내 아이를 위한 사랑의 기술》에서 '도움이 되는 칭찬'과 '도움이 되지 않는 칭찬'에 대해 말하였습니다. 아이의 인격과 능력에 관한 칭찬은 의외로 도움이 되지 않는다고 합니다. "너 참 똑똑하구나", "착하구나"라는 식의 뻔한 칭찬은 자녀에게 오히려 불안과 부담을 안겨줄 수 있습니다. 더 잘해야 하기 때문이죠. 반면에 행동이나 노력한 결과에 대해 구체적으로 칭찬하면 자녀의 성장에 큰 도움이 된다고 합니다.

그런데 자녀가 노력하고 성취한 일에 대해 칭찬하려면 자녀에게 특별히 관심을 갖고 자녀의 행동을 유심히 관찰할 필요가 있습니다. 그렇지 않으면 효과적인 칭찬을 하기 어렵기 때문입니다. 만약 자녀가 칭찬받을 만한 행동을 했는데 부모가 그냥 지나치면 아이들은 이렇게 생각합니다.

'아빠 엄마는 이 일을 별로 좋아하지 않나 봐.'

이런 생각이 든 자녀는 그 일을 계속하기 위한 동기를 부여받지 못하기 때문에 그런 행동이나 일을 쉽게 그만둡니다. 칭찬의 위력은 이런 것입니다.

칭찬은 칭찬받는 사람으로 하여금 몇 페이지의 책을 더 읽게 만들며, 피아노 연습을 몇 분 더 할 힘을 줍니다. 그만두려고 했는데, 칭찬을 받으면 그 행동을 계속하게 된다는 뜻입니다. 그런 이유로 부모는 칭찬해야 합니다.

칭찬할 때, 두리뭉실하게 하면 별로 효과가 없습니다. 예를 들어 "우리 아이는 참 착해, 우리 딸 정말 잘했어"라고 칭찬해놓고 그 뒤에 구체적인 내용이 없으면 아이들은 자기의

무얼 보고 착하다고 했는지, 무엇을 잘했다고 말하는 건지 이해하지 못합니다. 그래서 구체적으로 칭찬해야 합니다.

"글씨를 예쁘게 잘 썼네, 방 청소를 깨끗하게 잘했네"처럼 구체적인 칭찬은 그 행동을 미래에도 반복할 수 있도록 동기를 부여하고, 결국 습관이 되게 하는 촉진제 역할을 합니다. 그러므로 자녀에게는 아낌없이 칭찬해주어야 합니다.

도움이 되지 않는 또 하나의 칭찬은 바로 '거짓 칭찬'입니다. 자녀를 칭찬해주라고 하니까, 별로 한 일도 없는데 그냥 칭찬하면 자녀의 기분만 더 상하게 됩니다. 자칫 거짓말을 할 수도 있습니다. 예를 들어 옷이 더러워졌는데 "옷을 단정하게 잘 입었네"라고 말한다면 자녀는 기분만 상하게 됩니다. 비꼬는 소리처럼 들릴 수 있는 거짓 칭찬은 하지 않는 게 차라리 낫습니다.

잠언 17장 7절에 이런 말씀이 있습니다.

"지나친 말을 하는 것도 미련한 자에게 합당하지 아니하거든 하물며 거짓말을 하는 것이 존귀한 자에게 합당하겠느냐."

내 자녀에게 도움이 되는 칭찬을 함으로써 자녀가 부모님의 사랑을 느끼고 확인하며, 자녀로 하여금 칭찬받은 일을 지속적으로 반복하게 해서 좋은 습관을 기를 수 있도록 도와주시기 바랍니다.

부모-자녀 성장질문

질문 도움이 되는 칭찬과 도움이 안 되는 칭찬을
구분할 수 있나요?

_____

_____

_____

_____

_____

솔루션 가족이 돌아가면서 서로의 장점을 칭찬하는
'칭찬릴레이'를 해서 서로를 격려하세요.

_____

_____

_____

_____

_____

_____

_____

20일

아빠와 싸우면
예배를 거부하는 아들

자녀와 대화가 되지 않고 정서적으로 단절되면
영적인 문제도 발생하게 됩니다. 저희 경우에도 아
빠가 아들과 다투거나 화를 내면 아이가 부모에게 반항하게
될 뿐 아니라, 영적으로도 자녀에게 부정적인 영향을 주는
것을 경험하게 됩니다. 부모와 자녀는 정서적인 문제와 영적
인 문제가 연결되어 있음을 알아야 합니다.

부모는 믿음이 좋은데, 그 자녀는 신앙을 거부해서 갈등을
겪는 경우를 흔히 볼 수 있습니다. 그 이유를 잘 살펴보면,
부모와 자녀의 대화가 일방적이거나 부모가 정서적으로 상

처를 주었기 때문입니다. 그래서 자녀가 영적으로 방황하거나 신앙생활을 거부하는 경우마저 발생합니다.

그렇다면, 자녀의 마음을 영적으로 붙잡는 법은 무엇일까요?

저희는 '자녀들을 위하는 부모' 강의에서 이런 질문을 하곤 합니다.

"토끼는 어디를 잡아야 하나요?"

대부분 두 귀를 잡아야 한다고 대답합니다.

"그럼 고양이는 어디를 잡아야 할까요?"

"목덜미를 잡아야 합니다."

"그럼 사람은 어디를 잡아야 할까요? 멱살? 아닙니다. 허리? 아닙니다. 그럼 어디? 마음을 잡아야 합니다."

마음은 어떻게 잡나요? 평소 칭찬과 격려로 자녀와 정서적으로 친밀감을 주고받을 때, 자녀의 마음이 부모님과 하나가 되는 것입니다. 마음이 하나 되는 것, 그것이 부모가 자녀의 마음을 잡는 방법입니다.

"그가 아버지의 마음을 자녀에게로 돌이키게 하고 자녀들의 마음을 그들의 아버지에게로 돌이키게 하리라"(말 4:6).

성경은 부모가 자녀에게 해주는 역할을 두 가지로 나누어 설명합니다.

"또 아비들아 너희 자녀를 노엽게 하지 말고 오직 주의 교양과 훈계로 양육하라"(엡 6:4).

첫 번째는 "자녀를 노엽게 하지 말라"는 것이고, 두 번째는 "주의 교양과 훈계로 양육하라"는 것입니다. 노엽게 하지 말라는 말씀에 사용되는 파로르기조($\pi\alpha\rho\rho\gamma\iota\zeta\omega$)라는 단어는 오르기조($\dot{\sigma}\rho\gamma\iota\zeta\omega$)와 파라($\pi\alpha\rho\alpha$)라는 두 단어의 합성어인데, '분노'라는 뜻을 가지고 있습니다. 그래서 이 부분을 정확하게 번역하면, "너희 자녀를 자극해서 분노를 품게 하지 말라"는 말입니다. 자녀들이 분노하여 마음이 상하고 닫히면 부모와의 영적인 관계까지 영향을 줄 수 있다는 것입니다.

그렇다면 언제 자녀들이 분노하게 될까요?

첫째, 바로 과도하게 징계할 때입니다. 잠언 13장 24절에도 "근실히 징계하라"라는 말씀이 있습니다. 부모가 자녀를 징계할 때조차 사랑의 연합을 깨뜨리는 방식으로 지나치게 야단쳐서는 안 된다는 것입니다.

둘째, 아이에게 그릇된 기대를 갖는 경우입니다. 부모는 자녀에게 관심을 많이 두며 끊임없이 기도해주고 도와주어야 하지만, 그 아이의 능력을 벗어날 만큼 과도한 기대를 할 때 자녀들은 분노하게 됩니다.

셋째, 자녀에게 그릇된 모본(모범)을 보여주는 경우입니다.

이것이 자녀들을 화나게 만듭니다. 부모님의 삶이 신앙과 모순을 보이면 자녀는 실망하게 되고, 그런 이중성은 자녀가 신앙을 떠나는 계기가 될 수 있습니다.

그러므로 부모인 여러분이 이처럼 자녀를 노엽게 하는 경우가 있었다면 하나님 앞에서 먼저 회개하십시다. 이제부터라도 신앙과 삶이 일치하는 모습을 보여주면 자녀와 행복한 관계를 이루어갈 수 있습니다.

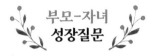

부모-자녀
성장질문

질문

지금 자녀와
가정예배를 드리고 있나요?

_____

_____

_____

_____

_____

솔루션

가족이 함께 가정예배를 시작하시고
경건의 삶을 훈련하세요.

_____

_____

_____

_____

_____

_____

3장

우리 모두 아프지 않게

21일

사춘기 아이,
어떻게 이해해야 하나요?

지금 집에 사춘기의 자녀가 있나요? 혹은 곧 사춘기가 될 것 같은가요? 귀엽고 사랑스럽기만 했던 우리 아이가 점차 말대꾸합니다. 부모와 대화하려 하지도 않고요. 친구들하고만 놀려고 하거나, 혹은 혼자 있는 시간을 더 많이 갖고 싶어합니다. 학업보다는 외모에 더 신경을 쓰고, 예쁘고 날씬한 아이돌 가수만 선망합니다. 자녀가 이럴 때는 사춘기에 접어든 것입니다.

한 어머니가 사춘기 자녀에 대해 상담을 하러 왔습니다. 이른바 '대치동 아이'라고 불리는, 강남의 한 중학교를 다니는 중3 남자아이의 어머니였습니다. 외국 한번 안 나갔다 왔지만, 어려서부터 대치동 학원을 다니면서 영어를 원어민처럼 잘하고 학교에서 공부도 제법 잘하는 아이였는데, 중3 들어 사춘기가 되면서부터 학업보다 외모에 더 신경을 쓰고 아이돌 가수에 빠져 있어서, 앞으로 어떻게 자녀교육을 해야 할지 모르겠다는 고민을 안고 온 것입니다. 이런 게 어찌 이 어머니만의 고민이겠습니까?

뜬금없지만, 제가 최악의 자녀교육법을 알려드릴까요? "부모가 부모 방식으로, 부모 뜻대로, 부모 생각대로 자녀를 키운다"라고 생각하고 그대로 실행에 옮기는 것입니다.

반면에, 최고의 자녀교육법을 알려드릴까요? 간단합니다. 그저 하나님께 맡기는 것입니다. 자녀에게 뭔가를 가르치려고 하지 마세요. 뭘 구하지도 말라는 것입니다. 그저 맡기면 됩니다. 누구에게? 하나님에게 말입니다.

부모가 눈에 쌍심지를 켜고 아이를 지켜본다 한들 아이의 24시간을 다 감시할 수는 없습니다. 대신 부모는 자녀들에게 진정으로 행복한 것이 무엇인지, 진정으로 인생을 멋있게 살아가는 것이 무엇인지 삶으로 직접 보여주면 됩니다. 아이들은 아니러니하게도 들은 대로 하지 않고 본 대로 하면서 커가기 때문입니다. 그러므로 부모가 하나님의 모습을 자녀에게 보여주는 것이 최상의 교육방법입니다. 하지만 그게 가장 어려울 것 같다고요? 아닙니다. 하나도 어렵지 않습니다.

자녀가 공부하기를 원한다면 부모가 먼저 책을 보고 공부해보세요. 소파에 앉아 TV만 보는 부모의 모습이 아닌, 책을 보고 글을 쓰는 부모를 보고 자란 아이라면 스스로 공부하게 되어 있습니다.

자녀가 어려운 일을 당했을 때 잘 견디고 이겨내는 사람이 되기를 바라시나요? 그런 바람에도 답은 쉽습니다. 혹시 지금 부모님이 어려운 일을 만났습니까? 그럴 때 부모가 술 마시고 서로 싸우는 모습이 아니라, 하나님을 의지하고 두 손 모아 기도하는 모습을 자녀에게 보여주세요. 그런 모습을 본 아이들은 나중에 인생의 높은 벽을 만났을 때 저절로 그보다 높은 곳에 계시는 하나님을 바라보게 되어 있습니다.

자녀들이 커서 행복한 결혼생활을 하기 원하십니까? 그렇다면 부모가 먼저 그런 모습을 보여주세요. 그런 아이들은 가정의 행복이 뭔지, 결혼이 뭔지, 가정의 천국이라는 것이 무엇인지 스스로 깨닫게 될 것입니다.

자녀들의 사춘기는 인생에서 그 어떤 때보다 잘 보내야 할 시기입니다. 이 중요한 때에, 그 누구보다 부모님이 자녀를 가장 잘 이해해주고, 먼저 삶의 지표가 되어야 할 것입니다.

부모-자녀 성장질문

질문
왜 자녀들이
사춘기를 심하게 겪을까요?

_____

_____

_____

_____

_____

솔루션
부모의 말과 행동이 다를 때 자녀들이 반항심을
갖게 됩니다. 본을 보이는 삶을 통해 자녀들에게
삶의 모델이 되어주세요.

_____

_____

_____

_____

_____

_____

22일
산만한 우리 아이,
집중력 키우는 법

요즘 식당이나 지하철, 버스 같은 공공장소에서
가끔 지나칠 정도로 산만한 아이들을 보게 될 때가
있습니다. 이런 아이들은 학습에 지장이 있을 뿐만 아니라
안전사고의 위험성도 굉장히 큰데, 집중하지 못하고 산만한
우리 아이, 왜 그렇고 어떻게 해야 하는 걸까요?

지나치게 산만한 아이는 이른바 ADHD라는 질병을 가진
아이로 전문가의 치료가 필요할 수 있습니다. 하지만 대부분
은 질병이라기보다 주의력 부족 때문으로, 말 그대로 산만할
뿐입니다. 아이가 어렸을 때부터 가정에서 여러 가지를 너무

많이 가르치거나 주변 분위기가 어수선한 경우도 쉽게 산만해질 수 있습니다.

산만한 아이들은 조금도 가만히 있지 못하고 계속해서 뛰어다니거나 소리를 지르고 다닙니다. 집중력 부족으로 한 가지 일에 오래 집중하지 못하고 감정 기복도 심합니다. 통계적으로 일반 아동의 약 3-5퍼센트 정도가 산만한 모습을 보인다고 합니다. 여자아이들에 비해 남자아이들에게 3배 이상 이런 모습이 더 나타나고 있습니다.

그러면, 산만한 아이들의 집중력을 키워줄 수 있는 방법에는 무엇이 있을까요?

첫 번째, 부모님이 먼저 집중하는 모습을 보여주세요.

아이는 부모의 거울이라고도 하지요? 아이 앞에서는 사소한 행동도 조심해야 합니다. 부모님이 먼저 아이들 앞에서 차분하게 독서를 하거나 집중해서 일하는 모습을 보여주세요. 그렇게 하면 아무리 산만한 아이라고 해도 엄마 아빠를 따라서 하게 되고, 집중해서 무엇인가를 하려고 노력할 것입니다.

두 번째, 기초 체력을 키워주세요.

기본 체력이 약한 아이들은 피로를 쉽게 느끼고 집중하기 어려워합니다. 체력이 약하거나 몸이 아프면 집중력도 떨어지게 되므로 아이들이 건강을 유지할 수 있도록 기초체력 관리 역시 필요합니다. 아침식사를 하는 것이 일반적으로 집중력에 큰 도움이 되는데, 인공색소가 들어 있는 간식은 산만함을 부추기니 피하는 게 좋습니다.

세 번째, 집중력이 부족한 아이에게 선택권을 줄 때, 선택하는 결정권을 너무 많이 주기보다 두 가지 정도로 좁혀주는 게 좋습니다. 적당한 선택 범위 안에서 차분하게 생각할 시간을 주어야 하기 때문입니다. 이런 습관에 익숙해지면 아이들의 산만함이 줄어들면서 집중력을 높일 수 있습니다. 도움이 되는 잠언 23장 19절 말씀입니다.

"내 아들아 너는 듣고 지혜를 얻어 네 마음을 바른 길로 인도할지니라."

네 번째, 정서적으로 산만한 아이들은 애정 결핍이 그 원인인 경우가 많으니, 아이들에게 관심을 주고 애정을 표현하고 칭찬해줌으로써 산만한 아이들이 집중력을 높일 수 있게 해주세요. 그러면 더 이상 머리 아픈 부모, 가슴 아픈 자녀가 되지 않을 것입니다.

부모-자녀 성장질문

질문

우리 자녀가
왜 산만해질까요?

_____

_____

_____

_____

_____

솔루션

부모가 자녀에게 독서하는 모습과
기도하는 모습을 보여주세요.

_____

_____

_____

_____

_____

_____

_____

23일

말 더듬는 아이,
원인과 해결법

요즘 텔레비전을 보거나 라디오를 들어보면 어쩜 그렇게 말을 잘하는 사람들이 많은지 놀랄 때가 많습니다. 그렇게 말 잘하는 사람들이 많아서인지, 말을 더듬고 잘 못 하는 사람들은 상대적으로 약간 바보 같아 보이기도 합니다.

그런데 누구나 어릴 때는 간혹 말을 더듬을 수도 있습니다. 이걸 어렸을 때 고쳐주지 않으면 일종의 버릇이나 습관처럼 되어서, 성인이 되면 고치기 어렵습니다.

주로 2살에서 7살 사이일 때 말을 더듬는 경우가 많이 나타납니다. 통계적으로 100명 중에 5명 꼴로 말 더듬는 아이가 나타나는데, 그 중에서도 남자아이가 여자아이보다 3,4배 많은 편입니다. 또한 가족력의 영향을 받기도 합니다.

말을 더듬는 아이의 문제는 자기 생각대로 말이 잘 나오지 않는 것입니다. 다른 사람들의 말을 듣고 이해하는 데는 문제가 없습니다. 하지만 자신의 생각을 전하는 데 어려움을 느끼기 때문에, 보통 6개월 이상 말을 더듬는다면 이를 해결하기 위한 노력을 시작해야 합니다.

그런데 만약 우리 아이에게 특별한 육체적 문제도 없어 보이는데 말을 더듬는다면, 그 이유는 무엇일까요?

아이들이 말을 더듬는 원인의 대부분은 심리적인 것이 큽니다. 특히 아이들은 혼자서 책을 읽거나 동물과 대화할 때는 유창하지만, 사람과 사람 사이에서는 긴장해서 말을 더듬는 경우가 많습니다. 따라서 말을 더듬는 아이들은 긴장이나 부담을 느끼는 가정환경의 영향을 많이 받았다고 볼 수 있습니다.

아이들이 말을 더듬을 때 절대로 야단치지 마세요! 말을 잘하던 아이조차 갑자기 말을 더듬을 수도 있습니다. 아이가 갑자기 말을 더듬는 이상행동에 놀란 엄마가 윽박지르거나 "다시 말해보라!"고 야단치는 경우가 있는데요, 이렇게 되면 아이들은 말을 하기 전에 더욱 긴장하게 되고, 말 더듬는 습관이 더 심해질 수 있습니다.

그러면, 말 더듬는 아이를 위한 엄마 아빠의 훈육법 3가지를 찾아보겠습니다.

첫 번째, 아이들에게 좀 더 여유로운 마음으로 대하고, 말을 빨리 하라고 재촉하지 않는 것이 중요합니다.

두 번째, 말을 더듬을 때는 가족들이 다 함께 천천히 말하는 습관을 길러 보세요. 어렸을 때 부모나 가족의 태도가 아이들의 말더듬증을 낫게 하는 데 효과적입니다.

세 번째, 아이에게 실습(혹은 실수)할 수 있는 기회를 많이 열어주세요. 길을 묻게 하거나 전화를 걸고, 사람들 앞에서 자신의 생각을 말하는 연습을 하게 해야 합니다.

단, 이런 방법을 다 사용했는데도 불구하고 말을 더듬는 습관이 만성적으로 진행된다면 전문 기관을 찾는 것이 좋습니다.

저도 제 아이가 말 더듬는 것 때문에 힘든 시간을 보냈는데요, 뛰어난 명연설가이자 작가이자 정치가였던 윈스턴 처칠 역시 말을 더듬었다고 합니다. 마찬가지로, 말 더듬는 아이 역시 무한으로 숨겨져 있는 잠재력을 갖고 있으니, 부모님이 나서서 아이 속에 있는 잠재력을 이끌어낼 수 있도록 노력해주세요.

"보라 자식들은 여호와의 기업이요 태의 열매는 그의 상급이로다."

시편 127편 3절 말씀입니다.

우리 아이가 잘할 수 있다고 믿어주고, 기다려주고 칭찬과 격려를 아끼지 마세요.

부모-자녀 성장질문

질문 혹시 우리 자녀가 긴장하면 말을 더듬거나 내성적이어서 대인관계에 어려움이 있나요?

_____

_____

_____

_____

_____

솔루션 자녀의 마음을 편하게 해주고, 하고 싶은 이야기를 천천히 생각해서 말할 수 있도록 함께 시간을 가져주세요.

_____

_____

_____

_____

_____

_____

24일

훈계할 때에는
단 둘이 있을 때만 하세요

쇼핑센터에 갈 일이 있었습니다. 한 엄마가 사람들이 지나다니는 길목에 아이를 세워놓고 야단치고 있었습니다. 지나가는 사람들이 다 한 번씩 힐끔힐끔 쳐다보고 갔습니다. 저도 그 모습을 보면서 마음이 안타까웠습니다.

자녀가 잘못했다고 해서 공중 석상에서 자녀를 나무라는 일은 자녀에게 수치심과 죄책감과 분노의 감정을 안겨줍니다. 쇼핑센터에서 이리저리 뛰어다니는 아이를 불러 세우고 혼내거나 벌을 주는 것도 바람직하지 않습니다.

만약 그 시간과 그 장소에서 아이의 문제 행동을 다루어야 한다면 아무도 없는 곳으로 데리고 가서 조용히 훈계하는 것이 바람직합니다. 또한 다른 사람들이 보는 앞에서 자녀를 꾸중하거나 벌을 주지 않도록 주의해야 합니다.

집에서도 마찬가지입니다. 형이나 동생 앞에서, 또는 다른 가족이 보는 앞에서 자녀의 잘못을 꾸중하거나 비난하지 말아야 합니다. 아빠가 그 문제를 다루어야 할 경우라면 아빠와 단둘이서만, 엄마가 자녀를 훈계해야 할 경우라면 엄마와 단둘이 있을 때만 하라는 것입니다. 이것이 자녀를 존중하면서 훈계하는 방법입니다.

그리고 부모에게 벌을 받거나 꾸중을 들었다면, 자녀가 잘못한 게 분명해도 좌우간 자녀의 감정이 상할 수 있음을 이해해야 합니다.

울고 있는 아이에게 "네가 지금 뭘 잘해서 우냐?"라고 하면서 뚝 그치라고 다그치는 것은 자녀의 마음을 더 상하게 만드는 일이며, 감정 표현을 지속적으로 억압하면 쓴뿌리를 내리게 하는 요소가 됩니다.

그러므로 자녀가 자기 나름대로 기분이 정리될 때까지 혼자 있기를 원한다면 그렇게 하도록 시간과 장소를 허락하는 배려가 필요합니다. 이것도 자녀를 존중해주는 방법입니다. 더 정확하게 말하면 자녀의 감정을 존중해주는 일입니다.

잠언 19장 18절에 이런 말씀이 있습니다.

"네가 네 아들에게 희망이 있은즉 그를 징계하되 죽일 마음은 두지 말지니라."

징계한 후에는 자녀의 잘못을 용서해주어야 합니다. 자녀의 잘못을 용서한다는 것은 그 잘못에 대해서는 다시 언급하지 않는다는 뜻입니다. 부모들은 자녀가 실수나 잘못을 반복하면 과거에 잘못했던 것까지 들추는 경우가 많습니다. 그러면 자녀들은 '우리 아빠 엄마가 아직도 나를 용서하지 않았구나'라고 생각하게 됩니다.

훈련은 어린 시절에 시작되어 평생 동안 지속되는 배움의 과정입니다. 부모의 훈련을 통해 자녀가 반듯하게 자라가도록 도우면 자녀는 자기훈련과 책임감을 배우는 성숙한 크리스천으로 살아가게 될 것입니다. 사랑하니까 제멋대로 하도록 내버려두는 것이 아니라, 사랑하기 때문에 훈련해야 하는 것입니다.

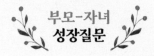
부모-자녀
성장질문

질문 우리 자녀를 사람이 많은 곳에서 훈계한 적은
없나요?

_____

_____

_____

_____

_____

솔루션 훈계할 때는
단 둘이 있을 때만 하세요.

_____

_____

_____

_____

_____

_____

25_일

인자하고 조용하게,
그러나 단호하게

'자녀와 대화하는 기술'에 대해 생각해보려 합니다. 자녀가 말을 잘 듣는데 소리 지르고 야단치는 부모는 없습니다. 기대에 맞게 행동하는 자녀를 향해 불호령을 내리는 부모도 없습니다. 관계가 좋을 때는 어느 부모나 조용하게 말합니다. 그러나 여기서 강조하는 것은 자녀가 말을 듣지 않을 때, 실수나 잘못을 했을 때, 혹은 문제가 발생했을 때를 두고 하는 원칙입니다.

누군가 우리에게 소리를 지르면 우리의 기분이 어떻겠습니까? 내가 아무리 큰 잘못을 했다 하더라도 누군가 소리를 지르면 기가 질리고 모욕감과 수치심을 느끼게 될 것입니다. 화까지 나기 시작합니다. 그렇지 않습니까?

우리 자녀도 마찬가지입니다. 그들이 잘못해서 부모가 화가 났고, 그래서 소리를 지른다 해도, 큰 소리로 말하면 부모의 감정을 자녀도 그대로 느끼게 됩니다. 잘못은 했지만 인격적으로 존중받지 못한다는 사실에 화가 나기 때문입니다. 그렇기 때문에 부모는 자녀가 부모를 실망시키고 잘못을 저지른 상황에서도 '인자하고 조용하게' 말해야 합니다. 그것이 자녀를 존중해주는 모습이기 때문입니다.

하지만 그것이 전부는 아닙니다. 인자하고 조용하게만 이야기하면 아이들이 부모의 말을 대수롭지 않게 여길 수 있고, 부모가 하는 말의 심각성을 깨닫지 못할 수도 있습니다. 그러므로 조용하지만 그 말 속에는 단호함이 함께 있어야 합니다. '단호함' 속에 부모의 권위가 깃들어 있기 때문입니다.

그러면 어떻게 인자하고 조용하게 말하면서도 동시에 단호함을 보여줄 수 있을까요?

첫째, 목소리는 낮추고, 아이의 눈을 똑바로 바라보면서 차분하게 이야기하는 것입니다. 한번 연습해 보십시오. 만약 지금까지 소리를 지르면서 자녀를 키웠다면 이 연습이 결코 쉬운 일이 아님을 금방 알게 될 것입니다. 하지만 연습해야 합니다. 하나님 앞에서 부모가 훈련되지 않으면 자녀를 훈련된 자녀로 키울 수 없습니다.

잠언 15장 1절과 4절은 이렇게 말씀합니다.

"유순한 대답은 분노를 쉬게 하여도 과격한 말은 노를 격동하느니라."

"온순한 혀는 곧 생명나무이지만 패역한 혀는 마음을 상하게 하느니라."

자녀가 부모의 말을 잘 듣지 않을 때나 실수나 잘못을 했을 때도, 부모가 먼저 목소리를 낮추고 아이의 눈을 바라보며 조용하면서도 단호하게 자녀와 이야기할 수 있기를 바랍니다.

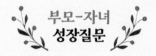

부모-자녀
성장질문

질문 자녀와의 대화는
잘 이루어지고 있나요?

_____

_____

_____

_____

_____

솔루션 자녀가 잘못 했을 때는 인자하고 조용하게,
그러나 단호하게 말하는 훈련을 하세요.

_____

_____

_____

_____

_____

_____

_____

26일

옆집 아이와 비교하지 맙시다

저는 가끔 교회에 필요한 꽃과 화초들을 사러 양 재동 꽃시장에 들릅니다. 거기에는 온갖 꽃들이 저 마다의 향기를 내뿜으면서 고운 모습들을 자랑하고 있죠. 저 는 그 꽃들을 바라보면서 행복에 젖곤 합니다.

꽃들은 저마다 아름답습니다. 어느 꽃이 가장 아름답고 어 느 꽃은 아름답지 않다고 말할 수 없습니다. 꽃에는 저마다 향기가 있듯이 저마다 아름다움이 있습니다. 이것은 서로 비 교할 일이 아니지요. 그래서 저는 꽃시장에서 꽃들을 볼 때, 서로 비교하는 것이 얼마나 덧없고 무의미한지를 배웁니다.

꽃들은 다 다릅니다. 꽃잎의 모양과 색깔이 다르고 크기도 다릅니다. 향기를 내는 꽃도 있고 향기가 없는 꽃도 있습니다. 당연히 이름도 다릅니다. 꽃들의 다름을 나열하자면 끝이 없을 것입니다. 그러나 공통점은 모두 꽃이라는 것이죠.

꽃은 하나같이 예쁩니다. 그래서 사람들은 꽃들만큼은 절대 비교하지 않습니다. 들꽃에게 "장미를 좀 닮으라"라고 말하는 사람은 없지요. 꽃들도 이렇게 다른데, 하물며 사람은 얼마나 더 다르겠습니까? 하지만 사람은 사람끼리 비교하면서, 심지어 자녀에게도 "이웃집 누구 좀 닮아라" 하는 말을 자주 하지요.

성경에는 같은 아들인데도 똑같이 사랑해주지 못하고 편애한 이야기가 있습니다. 창세기 37장 3절 말씀입니다.

"요셉은 노년에 얻은 아들이므로 이스라엘이 여러 아들들보다 그를 더 사랑하므로 그를 위하여 채색옷을 지었더니."

야곱은 요셉을 사랑했습니다. 요셉이 라헬의 아들이었다는 이유로, 또 노년에 얻은 아들이라는 이유로 아버지 야곱이 그를 더 사랑했다는 것이 문제였습니다.

아버지 야곱의 불공평한 사랑은 다른 자식들 가슴에 상처를 냈습니다. 그들의 지속된 상처는 마음에 분노로 쌓였고, 그 분노가 마침내 미움으로 치달아 동생을 노예로 팔아버리는 행위로 분출됐습니다.

아버지 야곱의 편애는 결국 자기가 가장 사랑한 아들을 잃고 가슴을 쥐어뜯으며 살아야 하는 결과를 낳고야 말았습니다. 그런데 야곱의 편애가 더 나쁜 이유는, 우애 있고 성실하게 살아갈 수 있었던 열 명의 아들까지 동생을 팔아넘긴 범죄자로 살게 했다는 데 있습니다.

시편 133편 1절 말씀은 "보라 형제가 연합하여 동거함이 어찌 그리 선하고 아름다운고"라고 말씀하고 있습니다. 이 성경의 비밀을 어린아이는 스스로 깨닫지 못합니다. 오직 부모가 지혜롭게 보여주고 가르쳐주어야 깨달을 수 있습니다.

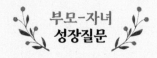

부모-자녀
성장질문

질문 우리 자녀와 다른 집 자녀를 비교하는 경우는
없나요?

_____

_____

_____

_____

_____

솔루션 꽃은 하나같이 예쁜 것처럼, 우리 자녀들도 고유한
아름다움이 있음을 말해주고 축복해주며, 비교하는
것은 멈추어주세요.

_____

_____

_____

_____

_____

_____

27일
아이가 마땅히 갈 길로
가게 하려면

제게 상담하러 왔던 윤아 엄마 이야기를 하겠습니다. 윤아 엄마는 전형적인 과잉보호형입니다. 윤아는 어릴 때부터 자기 손으로 밥을 먹어본 적이 없습니다. 엄마가 밥그릇을 들고 다니며 숟가락으로 떠먹여 주었습니다. 눈 감고 자고 있으면 안아서 세수시켜 주고, 옷 갈아입혀서 업고 유치원 버스에 태워주었습니다. 초등학교에 입학하면서 이런 양상은 점점 더 심해졌습니다.

엄마는 아이가 숙제를 하지 않으면 왼손으로 대신 다 해주었습니다. 아이가 내일 입고 갈 옷과 양말까지 챙겨놓았지요. 아이는 커가면서 좀처럼 자기 혼자서, 혹은 스스로 자기가 해야 할 일도 하려고 하지 않게 되었습니다. 그냥 엄마만 바라볼 뿐입니다. 늘 징징거리기만 합니다.

불안해진 윤아 엄마는 친구 관계며 학업이며, 일상의 소소한 생활 관리까지 아이와 관련된 모든 일을 대신 처리해주었습니다. 이유는 간단합니다. "아이가 학교에서 잘못 평가받으면 학교 기록에도 남고 아이는 자신감이 떨어지니까요."

소위 말하는 "오냐 오냐" 교육방식이 아이에게 독이 된다는 생각을 윤아 엄마는 한 번도 해본 적이 없습니다. 그래서 윤아는 철저하게 이기적인 아이가 되어갑니다. 기분이 나쁘면 아이는 외칩니다.

"나 밥 안 먹어! 나 학교 안 가!"

그런 소리를 들을 때마다 엄마는 애가 탑니다. 결국 아이가 해달라는 대로 다 해줍니다. 그러면서 엄마는 생각합니다. '자식 이기는 부모는 없다'라고 말입니다.

이렇게 부모 의존적인 자녀가 성인이 되었을 때 어떤 일이 벌어질까요? 적어도 성인이라면 스스로 그날 입을 옷을 직접 코디할 줄 알아야 합니다. TPO(Time, Place, Occasion), 즉 때와 장소와 경우에 맞게 옷을 입고 나간다는 것은 하루 아침에 그냥 습득되는 것이 아닙니다. 어렸을 때부터 스스로 판단해서 옷을 입고, 스스로 생각하면서 하루를 살아가는 훈련이 되지 않는다면 쉽지 않은 일들입니다.

이런 자녀는 심지어 결혼할 상대까지 엄마에게 물어봅니다. 이런 엄마가 소위 말하는 '헬리콥터 맘'입니다.

크리스천 부모도 이런 문제에서 예외는 아닙니다. 성경은 이렇게 말합니다.

"마땅히 걸어야 할 그 길을 아이에게 가르쳐라. 그러면 늙어서도 그 길을 떠나지 않는다"(잠 22:6, 표준새번역).

이 말씀을 제가 이렇게 번역해 보았습니다.

"아이가 마땅히 가야 할 길로 가도록 아이를 훈련시켜라. 그리하면 그가 늙어서도 그 길을 떠나지 않을 것이다."

자녀는 하나님께서 우리에게 주신 화살입니다. 그 화살을 적을 향해 쏘시겠습니까? 아니면 거꾸로 하나님을 향해 쏘시겠습니까?

아이가 마땅히 가야 할 길로 훈련시킬 때 부모는 가장 아름다운 자녀의 모습을 볼 수 있게 될 것입니다.

질문 자녀를 과잉보호하거나
방치한 경우는 없나요?

_____

_____

_____

_____

_____

솔루션 아이가 스스로 일과를 정하게 하고
자립심을 길러주어 주도적으로 해나갈 수 있도록
격려해주세요.

_____

_____

_____

_____

_____

_____

28일

독서습관 길러주기가 중요합니다

당신은 책 읽기를 즐기시나요? 책을 읽는 것, 독서는 마음의 양식을 쌓을 뿐 아니라 직간접적인 경험을 다양하게 함으로써 인생을 위한 진정한 공부가 될 수 있습니다. 특히 어렸을 때부터 독서가 습관이 되면 보다 높은 창의력과 어휘력을 기르게 돼, 훗날 커서 공부하는 데에도 영향을 주고, 삶의 다양한 분야에도 영향력을 미칩니다. 그래서 특히 자녀들이 어렸을 때부터 책 읽는 습관을 들이는 것이 어떤 습관보다 중요한 일입니다. 하지만, 많은 가정에서 이와 같은 독서의 중요성을 알면서도 실천하지 못합니다.

올바른 독서습관 기르기에 대해 여섯 가지를 말씀드리고 싶습니다. 이 여섯 가지는 독서하는 습관을 키우지 못하는 이유이기도 합니다. 부모가 이와 반대로 한다면 말이지요.

첫 번째, 항상 아이가 책을 가까이 할 수 있게 해주세요.

어린아이에게는 부모님이 책을 자주 읽어주는 것도 좋습니다. 책을 읽어줄 때는 딱딱한 책보다 재미있는 책에 부모님이 감정을 넣어 흥미를 가질 수 있게 읽어주세요.

두 번째, 부모님이 먼저 책 읽는 모범을 보여주세요.

"물에 비치면 얼굴이 서로 같은 것 같이 사람의 마음도 서로 비치느니라."

잠언 27장 19절 말씀입니다.

아이들은 부모님의 행동을 따라 하는 경향이 있습니다. 그렇기 때문에 부모님이 먼저 책을 읽는 모습을 보여주면 아이들도 자연스럽게 독서하는 습관을 들일 수 있습니다.

세 번째, 아이와 함께 도서관에 가 보세요.

아이가 도서관에 가서 엄청나게 많은 책을 보면 아이의 독서 욕구가 자극될 수 있습니다. 그러니 자주 도서관에, 혹은 서점에 가서 책을 좋아하게 만들어 주세요.

네 번째, 아이들에게 수준에 맞는 책을 골라주세요.

아이들은 자신이 잘하는 것에 흥미를 갖기 때문에 이해하지 못하는 어려운 책을 읽게 되면 처음부터 독서에 대한 흥미를 잃어버릴 수 있습니다. 그러니 아이들이 처음 독서를 시작할 때는 그때의 수준에 맞는 책을 골라주세요.

다섯 번째, 읽는 책의 권수에 집착하지 마세요.

엄마들은 기간을 정해두고 자녀가 그 기간 안에 읽어야 하는 책의 권수나 분량에 연연하는 경향이 있는데요, 그러면 아이들은 독서에 대해 강박감을 느끼게 됩니다. 당연히 습관을 들이지 못하겠지요.

마지막으로 여섯 번째, 아이에게 책을 선물해보세요.

선물은 언제나 사람을 기분 좋게 만듭니다. 책을 선물로 받으면 책을 소중히 여기게 되고, 자기 것이라는 생각 때문에 조금 더 애착을 가질 수 있습니다.

독서가 습관이 되면 매우 즐거운 경험이 되지만, 습관이 되지 않은 아이들에게 독서는 지루하고 따분한 일이 될 것입니다. 엄마와 아빠가 보여주는 독서의 모범을 통해 자녀들에게 좋은 습관을 키우고 즐거운 경험을 함께 하세요.

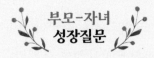

질문 부모님의 한 달 동안 독서량은
얼마나 되나요?

_____

_____

_____

_____

_____

솔루션 자녀와 도서목록을 정하고 정기적으로
도서관 데이트를 해보세요.

_____

_____

_____

_____

_____

_____

29일

펭귄아빠,
독수리아빠를 아시나요?

요즘에 우리나라의 상황을 풍자하는 여러 가지 신조어가 많은데요, 특히 최근엔 아빠들에 관한 신조어가 많이 나오고 있습니다. 그중에서 '기러기 아빠'는 다 아시죠? 기러기 아빠는 가족을 미국이나 캐나다 같은 먼 나라에 유학 보내놓고 가끔 아내와 자녀들을 보러 가는 아빠를 말하지요. 기러기 아빠들은 가족을 보고 싶은 마음을 꾹 참고 있다가, 여름 휴가나 연말연시에 한두 번 정도 가족을 보러 가기 때문에 철새인 기러기에 비유되었습니다.

요즘엔 '기러기 아빠' 말고도 '펭귄 아빠', '독수리 아빠' 같은 신조어가 새롭게 생겼는데요, '제비 아빠'라는 말까지 생겼답니다. 펭귄 아빠는 날개가 있어도 날지 못하는 펭귄에 빗대 만든 말인데요, 가족이 보고 싶어도 여유가 없어서 자녀들이 올 때까지 참고 기다릴 수밖에 없는 아빠를 말합니다. 제 아이가 이 말을 듣더니 펭귄 아빠는 너무 슬프다고 말하더군요.

반면, 독수리 아빠는 가족들을 만나고 싶으면 언제든지 만나러 갈 수 있을 정도의 재력을 가진 아빠랍니다. 독수리 아빠는 미국이나 캐나다처럼 학비가 비싼 외국으로 아내와 자녀를 보낼 수도 있는 것이지요.

제비 아빠는 자녀를 해외로 보낼 정도는 못 되지만, 강북이나 지방에 살면서도 이른바 '강남'으로 유학 보낸 아빠를 말한답니다. 실제로 아이와 아내는 강남에 살지만, 아빠는 다른 곳에 사는 제비 아빠들이 많다고 합니다.

이런 신조어들을 보니, 자녀들의 교육을 위해서라면 무엇이든 할 수 있을 것 같은 부모님들의 고충이 느껴져 마음이 짠해지기도 합니다. 이밖에도, 과열되고 잘못된 우리나라의 입시 열풍을 풍자하는 신조어가 많지요.

예전에는 농촌에서 소를 팔아 대학 등록금을 냈다고 하여 대학을 '우골탑'이라고 불렀는데요, 요즘에는 등골을 부서뜨

린다고 하여 '둥골탑'으로 바뀌었다고 합니다.

자녀를 유학 보내고 홀로 한국 땅에 남아 쓸쓸한 날을 보내는 아빠들이 참 많습니다. 가정마다 각각 사연은 다르겠지만, 한 가지 공통된 사실은 모든 부모는 자녀가 행복한 인생을 살기 원하고, 정서적으로도 건강한 삶을 살기 바란다는 것입니다. 여기에 덧붙여, 자녀를 세상에서 리더로 키우고 싶어 합니다. 말하자면 성공하게 만들고 싶다는 것이지요.

하지만, 자녀가 성공적인 인생을 살기 위해서는 자녀에게 건강한 자아상을 심어주는 일이 유학보다 중요합니다.

누가복음 10장 27절에 이런 말씀이 있습니다.

"주 너의 하나님을 사랑하고 또한 네 이웃을 네 자신 같이 사랑하라."

건강한 자아상이란 하나님 사랑과 이웃 사랑을 실천하면서, 삶에 행복이 오든 불행이 오든, 모든 것을 긍정적으로 이끌어가는 사람의 마음가짐일 것입니다.

지금 자녀가 내 옆에 있든 아니면 멀리 떨어져 있든, 자녀에게 힘들고 어려운 일이 찾아와도 그 어려움을 잘 견디고 극복할 수 있도록, 부모가 자녀에게 건강한 자아상을 심어주시기 바랍니다.

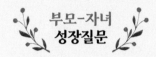

부모-자녀
성장질문

질문 지금 자녀가 내 옆에 있습니까?
멀리 떨어져 있습니까?

_____

_____

_____

_____

_____

솔루션 자녀와 친밀감을 가질 수 있도록 정기적으로
대화하는 시간을 정하세요.

_____

_____

_____

_____

_____

_____

_____

30일

일평생 축복하는 부모가 되세요

저희 부부는 한국에서 결혼식을 올리고 바로 캐나다로 떠났습니다. 그곳에서 공부하고 훈련도 받으면서 두 아들이 태어났습니다. 그리고 사역 때문에 한국에 왔다 갔다 하다가, 큰아이가 5학년 때 다시 아이들을 데리고 캐나다로 들어갔습니다.

그런데 한 일년쯤 지나 큰아들의 학교에서 전화가 왔습니다. 담임 선생님을 만났는데, 하시는 말씀이 아이가 청각 테스트를 받아야 한다는 것이었습니다. 혹시 귀가 잘 안 들려서 말을 못 하는 것은 아닌지 걱정된다는 것이었습니다.

저는 그동안 일 년 가까이나 말 한 마디 못 하고 학교를 다녀야 했던 어린 아들을 생각하니 너무나 가슴이 아팠습니다. 눈물을 삼키고 그 아이를 안아주면서 격려하고 축복하는 말을 했습니다.

"아들아, 지금은 네가 힘들지만 잘 인내하고 참아내면 하나님께서 너를 놀랍게 쓰실거야."

"너는 이미 훌륭한 사람이야. 왜냐하면 엄마도 견디기 힘든 시간을 너는 어린 나이에 지금 잘 견뎌내고 있거든. 고맙다, 아들아."

아들은 5학년 때 토론토에서 그렇게 일 년 가까이 듣기만 했던 영어를 일 년 후에는 유창하게 하기 시작했습니다. 조금 내성적이었던 아들은 귀가 안 들려서 말을 못 한 것이 아니라, 서툰 언어와 낯선 환경과 문화를 극복하는 데 시간이 필요했던 것입니다. 그런 아들이 지금은 캐나다에 있는 대학에 수석으로 들어가 행복하게 공부하고 있습니다.

이처럼 엄마와 아빠의 격려와 축복의 말은 자녀에게 힘이 있습니다. 칭찬과 격려로 자녀를 축복하는 말을 자주 하셔서 자녀를 살려주십시오.

하나님은 우리 자녀를 축복하기 원하십니다. 그분의 그런 소원은 바로 우리의 말과 기도를 통해 이루어집니다.

"여호와는 네게 복을 주시고 너를 지키시기를 원하며 여호와는 그의 얼굴을 네게 비추사 은혜 베푸시기를 원하며 여호와는 그 얼굴을 네게로 향하여 드사 평강 주시기를 원하노라"(민 6:24-26).

이것이 우리를 향하신 하나님의 마음이고 그분의 뜻입니다.

아이가 잉태된 순간부터 축복해주세요. 태어나서 자라고 청소년이 될 때도 축복해주세요. 자녀가 청년이 되고 장년이 되고 노년이 될 때까지 계속 축복해주세요. 요즘은 100세 시대를 살아가고 있지 않습니까? 부모가 살아 있는 한 자녀를 위해 축복하는 기도를 계속 해주세요.

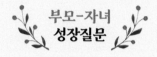
부모-자녀
성장질문

질문 자녀의 학습성취가 더디다고
고민하고 있지는 않나요?

_____

_____

_____

_____

_____

솔루션 꽃들은 피는 시기가 다른 것처럼, 다그치지 말고
인내함으로 위로해주고 용기를 주세요.

_____

_____

_____

_____

_____

_____

4장

흐뭇한 부모 신나는 자녀

31일

영찬이의 하루를
아시나요?

초등학교 5학년 영찬이는 학교 수업이 끝나면 학교 앞에 대기하고 있는 학원버스를 타고 학원으로 갑니다. 학원이 끝나면 태권도 학원과 미술학원이 기다리고 있습니다. 다 마치고 집에 도착하면 7시가 넘습니다.

저녁 식사를 하고 나면 학교와 학원 숙제가 또 기다리고 있습니다. 거기에다 매일 해야 하는 학습지까지 다 보고 나면 11시가 훌쩍 넘습니다. 비로소 자유시간이 찾아옵니다.

놀랍게도 이 늦은 시간에 같은 학원에 다니는 친구들이 카톡방에 들어오기 시작합니다. 카톡방에서 수다를 좀 떨다 보면 금세 12시가 넘어갑니다. 이래서 수면이 부족하니 아침에 일어나는 것도 힘들고, 요즘에는 수업 시간에 졸기도 합니다. 신경질도 늘었습니다. 배려심 많던 아이가 아무것도 아닌 일에도 동생에게 화를 냅니다. 말대꾸는 물론, 간혹 엄마에게 대들기까지 합니다. 이것이 '영찬이의 하루'입니다.

'영찬이의 하루' 이야기에서 보듯이, 우리 자녀들은 숨 쉴 순간조차 없는 삶을 살아가고 있습니다. 그런데 부모님들은 공부로 지친 자녀들에게 이렇게 말합니다.

"공부해서 남 주냐? 다 너희들을 위한 거야!"

그냥 밀어붙이는 것입니다.

운동도 과하면 몸이 상하고, 사람의 병을 고치는 약도 지나치면 독이 됩니다. 과도한 관심은 집착이 되고, 도를 넘는 도움을 주면 사람이 무능해집니다. 공부 욕심에 잦은 밤샘을 하면 낮에는 집중도가 떨어지고, 규칙적인 식사도 거른 채 학원을 전전하면 체력이 바닥나 결국 공부를 잘하기 어렵습니다.

시편 127편 2절은 이렇게 말씀합니다.

"너희가 일찍이 일어나고 늦게 누우며 수고의 떡을 먹음이 헛되도다."

지금 많이 얻으려고 무리수를 두는 것은 마치 내일이 없는 것처럼 오늘을 달리는 것과 비슷한 느낌입니다.

자녀들에게 갈망을 남겨주십시오. 스스로 더 배우고 싶은 갈망을 남겨두어야 정말로 공부해야 할 기간을 잘 보낼 수 있게 됩니다. 엄마의 부지런한 노력이 혹시나 아이를 망치는 일이 되었다면, 그야말로 그것은 헛된 일이 될 것입니다.

우리 아이들에게 스스로 더 배우고 싶은 갈망을 남겨주세요.

부모-자녀 성장질문

질문
자녀들이 많은 학업으로
지쳐 있지 않나요?

_____

_____

_____

_____

솔루션
자녀와 '패밀리타임'을 갖고, 어려운 일은 없는지
대화의 시간을 가져보세요.

_____

_____

_____

_____

_____

_____

_____

_____

32일

자녀에게 선택권을 주는 것이 왜 중요할까요?

자녀에게 선택권을 주는 것이 왜 중요할까요? 이유는 간단합니다. 자녀에게 스스로 선택할 기회를 주면 자녀는 부모가 자신을 존중해준다는 사실을 알게 됩니다. 선택권이 주어질 때마다 자녀는 만족감을 느끼며, 선택의 경험을 통해 조금씩 더 나은 선택을 하게 됩니다.

부모는 자녀가 항상 최상의 선택을 하리라고 기대하지 않는 게 좋습니다. 시행착오를 통해 조금씩 더 나은 선택을 할수 있도록 기회를 주면서 기다려주는 것이 더 중요합니다. 좋은 선택을 했을 때는 인정과 칭찬의 말로 격려해주세요.

그러면 이전보다 훨씬 나은 선택을 하게 됩니다.

어려서부터 선택권을 부여받은 아이들은 청소년에 그렇지 못한 또래 친구들과 현저한 능력의 차이를 보입니다. 부모가 선택을 대신 해준 아이들은 선택해본 경험이 적기 때문에 무엇을 선택할지 잘 모릅니다. 그럴 경우 친구의 압박에 따라 수동적으로 선택할 가능성이 높습니다.

반면, 선택하는 기회와 경험을 통해 더 나은 선택을 할 수 있는 능력을 기른 아이들은 잘못된 친구들이 어떤 선택을 하라고 압박해도 '안돼! 안 해!'라고 단호하게 말할 수 있는 용기를 갖게 됩니다. 결과적으로 부모가 자녀에게 선택할 기회를 많이 주는 것은 자녀들의 삶에 필요한 '자율성'을 선물해주는 것이 됩니다.

단, 부모가 자녀에게 선택권을 줄 때 기억할 사항이 있습니다. 선택에 한계선을 정해주어야 한다는 사실입니다. 원하는 것을 무엇이나 고를 수 있는 자유가 아니라, 먼저 부모가 범위를 정해주고, 그 범위 안에서 선택해야 한다는 사실을 알려주어야 합니다.

가령 나이가 어린 자녀를 예로 들면, 사고 싶은 장난감이 많아도 둘 중에 하나만 고르라고 하거나 가격이 5천 원 정도인 것 중에서 고르라고 하는 식으로, 분명하게 범위를 알려

준 후에 자녀가 선택하도록 하는 것입니다.

　자녀가 어릴 때는 선택의 범위를 적게 주는 것이 좋습니다. 어린아이에게 선택할 종류가 많아지면 어려워합니다. 그러므로 나이에 맞게 선택 범위를 정해주고, 나이가 들어감에 따라 그 범위를 확장시켜 주세요.

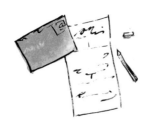

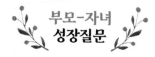

부모-자녀 성장질문

질문 우리 아이들은 자율성을 가지고
스스로 결정을 잘하고 있나요?

_____

_____

_____

_____

_____

솔루션 참견과 도움을 구분하고,
자녀에게 결정권을 주세요.

_____

_____

_____

_____

_____

_____

33일

느슨한 끈을 잡고 자유를 주세요

부모들의 바람은 자녀들이 부모의 의도대로 자라는 것입니다. 그래서 부모가 정해놓은 범위를 벗어나거나 기대에 미치지 못할 때, 자녀의 자유를 제한하거나 억압하는 경우를 종종 볼 수 있습니다. 그러나 하나님께서 우리에게 자유의지를 주신 것을 기억하십시오. 우리 부모들도 자녀에게 그래야 합니다.

최근 계속해서 쏟아져 나오는 아동폭력 관련 기사들을 접하면서 정말 많은 생각을 멈출 수 없었습니다. 같은 부모 입장으로서 자식을 향한 그런 종류의 방임과 폭행이 도대체 어떻게 가능한지 믿어지지 않았습니다.

어떤 부모도 아이를 잘 키우고자 하는 마음은 모두 같습니다.

어느 기자가 102세 되신 철학자 김형석 교수님에게 자녀교육법을 물었습니다. 노교수님은 "아이에겐 딱 이것 하나만 주면 된다"라고 말씀하셨습니다. "아이의 자유를 소중히 여길 것", 다시 말해 아이에게 선택의 자유를 주라는 것이었습니다. 진정한 사랑은 '상대방의 자유를 사랑하는 것'이라고 덧붙이시면서….

'100세가 넘은 철학자' 김형석 교수님이 강조하신 자녀교육에 관한 가르침은 '아이의 자유가 소중하다'는 것이었습니다. 자유란 곧 선택의 자유이니, 아이에게 스스로 선택할 자유를 주어야 한다는 것입니다.

부모가 "이걸 해! 저걸 해!"라고 선택해주는 것이 아니라, "이런 게 있고, 또 저런 게 있어. 너는 어떤 걸 할래?" 이렇게 선택할 자유를 주십시오. 선택의 자유를 주면 아이에게 스스로 삶을 헤쳐나갈 마음의 근육이 생겨나기 시작합니다.

자녀가 아직 미숙하여 선택할 때 실수하고 시행착오를 할 수 있습니다. 그럴지라도 언젠가는 스스로 잘못을 고칠 수 있다고 믿어주고, 앞으로 종종 실수할 수도 있는 자유까지 허용해야 합니다.

인터넷에 누군가 올린 '부모 반성 8가지'라는 글이 이 주제와 관련이 있어서 소개하고자 합니다.

하나, 당신의 어린 시절 기준으로, 자신의 생각을 아이에게 일방적으로 강요하는 일은 없었습니까?

둘, 아이를 꾸짖을 때, 홧김에 감정에 치우쳐서 구타하는 일은 없습니까?

셋, 즐거운 식사 시간을 잔소리하는 시간으로 정해놓고 있지는 않습니까?

넷, 아이가 얌전히 고개 숙여 눈물을 흘리고 있을 때도 설교를 계속하는 일은 없습니까?

다섯, 꾸지람 뒤에도 칭찬할 일이 있으면 서슴지 않고 칭찬하고 있습니까?

여섯, 형제자매가 싸울 때, 불공평하게 한쪽만 꾸짖어 아이를 비뚤어지게 만들고 있지는 않습니까?

일곱, 아이는 어디까지나 아이이며 어른이 아니라는 것을 염두에 두고서 관대하게 대하고 있습니까?

여덟, 아이의 성격이 나쁘면 그것이 아이 자신에게 문제가 있는지, 아니면 부모, 친구, 또는 교사의 문제 때문인지를 조사하여 이해하고, 아이에게 따스한 정으로 대하고 있습니까?

이 글을 쓰는 저도 위의 부모 반성 여덟 가지를 적용하면서 많은 반성을 하게 됩니다.

우리의 자녀는 하나님이 주신 선물입니다. 그리고 인격적이며 독립적인 존재임을 알아야 합니다. 아이들이 진리이신 예수님을 인격적으로 만날 수 있도록 부모가 신앙으로 인도할 수 있다면, 자녀들은 분명히 건강하고 바르게 자라갈 것입니다.

"진리를 알지니 진리가 너희를 자유롭게 하리라"(요 8:32).

최재천 교수가 어느 인터뷰에서 이런 말을 한 것이 생각납니다.

"부모가 느슨한 끈을 잡고서 자녀를 방목할 때, 자녀들은 아름다운 방목을 통해 스스로의 삶을 선택하고 결정한다. 자신에게 도움이 필요할 때 부모에게 달려가 도움을 청할 수 있는, 건강한 자녀로 성장할 수 있을 것이다."

자유를 '아름다운 방목'으로 누리고, 열심히(?) 방황도 할 수 있는 경험을 자녀들에게 허락하고, 자녀를 독립적인 인격체로 여기며, 신뢰를 가지고 거룩한 방목을 하는 부모가 되시기를 바랍니다.

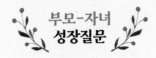

부모-자녀
성장질문

질문   자녀에게 주도적인 부모인가요?
자유방임형 부모인가요?

_____

_____

_____

_____

_____

솔루션   부모가 느슨한 끈을 잡고 '아름다운 방목'을
시도해보세요.

_____

_____

_____

_____

_____

_____

34일

콩나물 파는 엄마의
새벽기도

서울 서대문 영천시장에 콩나물을 파는 가난한 여인이 있었습니다. 그 여인은 새벽마다 무거운 콩나물 통을 머리에 이고 교회로 향했습니다. 시장에 가기 전에 교회에 들러 꼭 새벽기도를 드렸던 것입니다. 그 기도는 지극히 소박한 내용이었습니다.

"하나님 아버지, 제 자녀들이 예수 그리스도와 함께 살게 해주세요. 하나님의 일꾼이 되게 해주세요."

하나님은 여인의 새벽기도에 응답해 주셨습니다. 그 자녀는 제약회사를 설립해 크게 성장시켰고, 어머니의 새벽기도와 교회 종소리를 잊을 수가 없었습니다. 사업 성공이 어머니의 새벽기도 덕분임을 확실히 믿었기 때문입니다.

내 자녀가 이 땅에서 잘 먹고 잘 살기만을 기도하지 않고 예수 그리스도와 함께 살면서 하나님의 일꾼이 되게 해달라고 하는 기도는 참으로 귀합니다. 이 세상에서 사는 삶이 무한하지 않고 유한하기에 우리 자녀들에게 믿음의 유산을 물려주는 일은 소중합니다.

우리 자녀들이 세상과 지식과 돈에 매이지 않고 어디에도 매이지 않는 자유자의 삶을 살며, 오직 복음에 매여 예수님의 은혜 속에서 강하고 담대히 살아가도록 기도해야 합니다.

"여호와를 경외하는 자 누구냐 그가 택할 길을 그에게 가르치시리로다 그의 영혼은 평안히 살고 그의 자손은 땅을 상속하리로다." 시편 25편 12,13절 말씀입니다.

우리의 자녀들은 하나님이 주신 선물과 상입니다. 그리고 하나님 나라의 군사로 자랄 수 있도록 성경대로 양육하고 기도해야 합니다.

기도는 기적을 만듭니다. 기도하면 지혜가 생깁니다. 특히 부모님의 기도는 자녀의 미래를 환히 열어줍니다. 하나님이 도와주신다는 사실을 신뢰하면서 기도로 자녀를 양육하시기 바랍니다.

부모-자녀
성장질문

질문
내 자녀가 어떤 사람이 되기 위해
기도하고 있나요?

_____

_____

_____

_____

_____

솔루션
하나님의 뜻을 이루어 드리는 자녀로
성장할 수 있도록, 만남의 축복과 지혜와 형통을
위해 기도해주세요.

_____

_____

_____

_____

_____

_____

35일

세상에서 가장 비싼
침대를 쓰시렵니까?

한 지인의 아들이 사고를 당해서 병문안을 다녀왔습니다. 병원 심방을 갈 때마다 느끼는 것이지만, 환자들을 볼 때 마음이 참 아픕니다. 그 지인의 아들도 많이 다쳐서 재활 치료까지 다 받고 퇴원하려면 한참의 시간이 필요했습니다.

이 세상에 좋은 침대는 많습니다. 하지만, 티브이 광고에 나오는 어느 비싼 고가의 브랜드 침대보다 더 비싼 침대는 바로 환자가 누워 있는 침대입니다. 하루하루가 더할수록 침대의 가격은 올라갑니다. 그래서 장기 입원을 하면 세상에서 가장 비싼 침대가 되는 것입니다.

우리가 건강할 때는 모르지만, 아파서 병원에 가보면 그제야 눈에 들어오는 것이 있습니다.

"나보다 더 아픈 사람이 이렇게 많았구나."

"아이고, 우리 아이들이 말은 잘 안 듣지만, 그래도 건강한 게 이리도 감사하구나."

그리고 아침에 눈 뜨고 저녁에 잠자는 일상의 행복이 얼마나 소중한지를 느낍니다.

지금도 아픈 자녀를 위해 하나님께 기도하며 병상에서 함께 고생하시는 부모님들을 위해, 맥아더 장군이 하나님께 드린 '아픈 자녀를 위한 기도문'으로 제가 기도하겠습니다.

아픈 자녀를 위한 기도

사랑의 하나님,

우리 가정에 귀한 선물을 허락하여 주시고, 이 자녀들이 주님의 은혜 안에서 잘 자라게 하신 것을 감사합니다.

우리 아이들이 잘 자라서 하나님의 나라를 위해 일할 수 있도록, 주여, 축복하여 주옵소서.

이 시간 우리 아이를 위해서 기도합니다.

지금 몸이 아파서 몹시 괴로워하고 있습니다.

주님은 만병의 의사가 되십니다. 주님의 능력의 손길, 사랑의 손길이 임하시어 우리 아이의 병든 곳을 어루만져 주시고, 모든 병의 근원을 치료하여 주시기를 기도합니다. 그래서 이 시간 곧 나음을 얻게 하여 주시고 깨끗하게 하셔서, 기뻐 뛰며 주를 찬송할 수 있게 도와 주시옵소서. 주님께서 하시고자 하시면 능치 못할 일이 없을 줄을 믿습니다.

우리 아이를 불쌍히 여겨주옵소서. 어린이를 품에 안으시고 축복해주신 주님, 이 시간 주님께서 우리 아이를 꼭 품에 안아 주시고 축복하여 주셔서 이 병이 속히 낫게 하여주옵소서. 예수님의 이름으로 기도합니다. 아멘.

1858년 뉴욕의 어느 가정에 한 아이가 태어났습니다. 어려서 소아마비를 앓아 다리를 절었고 시력도 아주 나빴습니다. 게다가 천식까지 앓아서 앞에 있는 촛불을 끌 힘도 없었습니다. 가까스로 생명을 연장하여 드디어 열한 살이 되던 날, 아버지는 이런 말을 했습니다.

"아들아, 네가 가진 장애는 장애가 아니란다. 네가 전능하신 하나님을 참으로 신뢰하고 하나님의 도우심이 너와 함께한다면, 오히려 네 장애 때문에 모든 사람이 너를 주목할 것이다. 그리고 너는 역사에 신화 같은 기적을 남기는 놀라운 삶을 살 수 있을 것이다."

그 후 그 아들은 스물세 살 되던 해에 뉴욕주를 대표하는 의회의 의원이 되었고, 스물여덟 살엔 뉴욕 시장 선거에 출마했습니다. 얼마 후에는 뉴욕 주지사가 되었고, 부통령을 거쳐, 미국 역사의 가장 어두웠던 시절에 미국의 신화를 재건하는 대통령이 되었습니다. 1906년에 노벨 평화상까지 수상하였던 이 사람의 이름은 데오도르 루즈벨트입니다.

이사야 43장 1절과 2절에 이런 말씀이 있습니다.

"너는 두려워하지 말라 내가 너를 구속하였고 내가 너를 지명하여 불렀나니 너는 내 것이라 네가 물 가운데로 지날 때에 내가 너와 함께 할 것이라 … 네가 불 가운데로 지날 때에 타지도 아니할 것이요 불꽃이 너를 사르지도 못하리니."

지금 우리에게 크게 보이는 어떤 문제들 때문에 너무 힘들고 고통스럽지만, 말씀 가운데 힘을 얻으시기 바랍니다.

부모-자녀 성장질문

질문 혹시 우리의 자녀가 건강에 어려움을
겪고 있지 않나요?

_____

_____

_____

_____

_____

솔루션 '아픈 자녀를 위한 기도'를 통해 하나님께서
치유해주시도록 간절히 기도하세요.

_____

_____

_____

_____

_____

_____

_____

36일

기도하는 엄마가
가장 좋은 엄마입니다

저는 어렸을 때부터 감사하게도 친정어머니의 기도를 듣고 자랐습니다. 어머니는 제가 아프면 무조건 병원으로 달려가기보다 먼저 하나님께 기도하셨습니다. 저도 그런 모습을 보고 자라서 그런지 아이들이 아프면 하나님께 가장 먼저 기도했습니다.

자녀가 아플 때 부모는 늙는다는 말이 있습니다. 그 말은 사실입니다. 어렸을 때부터 자상하고 상냥한 둘째 아들이, 중2 사춘기가 되어서 엄마인 제 마음을 그렇게 아프게 할 줄은 꿈에도 몰랐습니다. 아이가 몸과 마음이 아플 때면 대신 아파줄 수 없다는 사실 때문에 저는 몸살을 앓았습니다. 그리고 전심으로 하나님을 찾게 되었습니다. 자녀를 키우면서 좋으신 하나님을 저는 참 많이 경험했습니다.

하나님은 자신의 가정을 돌봐달라고 기도로 요청하는 가정을 지켜주십니다. 가정의 기도의 문을 열 수 있는 권위자는 부모입니다. 부모가 하나님께 기도로 문을 열 때, 하나님은 들어오셔서 가정의 주인이 되어 주십니다.

"여호와께서 집을 세우지 아니하시면 세우는 자의 수고가 헛되며 여호와께서 성을 지키지 아니하시면 파수꾼의 깨어 있음이 헛되도다."

시편 127편 1절 말씀입니다.

부모는 기도해야 합니다. 기도로 자녀를 양육해야 합니다. 기도하고 하나님 음성을 듣고, 성경에서 원리를 찾아 따르고 적용하면서 자녀를 키워야 합니다.

아빠와 엄마의 기도와 축복이 둘 다 중요하지만, 저는 엄마인지라 여기서는 엄마의 기도에 대해 나누고자 합니다.

흔히 "여자는 약해도 엄마는 강하다"라고 합니다. 그러나 엄마들은 압니다. 자신이 그처럼 강하지 않다는 사실 말입니다. 엄마는 완벽하지 않습니다. 가사와 일을 하면서, 항상 여유 있는 미소와 완벽한 지혜와 분명한 판단력으로 아이를 양육하기가 턱없이 부족합니다.

또 엄마들은 자주 울보가 되기도 합니다. 아이가 아프면 대신 아파주지 못해서 울고, 아이가 고통스러워하면 아이를 태어나게 해서 고통만 준 것 같아 미안해서 웁니다. 아이가 거친 세상을 뚫고 가느라 힘들어하면 마음이 아파서 눈물을 흘리고, 아이가 잘못하면 훈계하다가 울음을 터트립니다.

또 엄마들은 늘 아쉽습니다. 일하느라 아이와 더 놀아주지 못해 아쉽고, 아이를 더 안아주지 못해 아쉽고, 아이에게 더 잘해주지 못했는데 훌쩍 커버린 아이를 보면서 못내 아쉬워합니다.

그래서 엄마는 힘과 도움이 필요합니다. 능력이 필요하고 지혜가 필요합니다. 엄마에게는 엄마보다 더 완전한 분이 반드시 필요합니다.

하나님의 도움을 받지 않고 내 경험과 판단만으로 아이를 키울 수 없습니다. 우리가 구하는 자에게 주신다고 약속하신 하나님을 확실히 믿고 기도하면 하나님이 일하십니다. 우리가 요청하면 좋으신 하나님께서 우리 가정에 찾아오셔서 우리 자녀들을 지켜주실 것입니다.

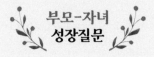

**부모-자녀
성장질문**

질문 당신은 기도하는
어머니(아버지)입니까?

_____

_____

_____

_____

_____

솔루션 하나님께서 중보의 영을 주시도록
기도하세요.

_____

_____

_____

_____

_____

_____

37일

범사에 감사하는 가정이
가장 행복하다

'탈무드'에서는 세상에서 가장 행복한 사람을 이렇게 말하고 있습니다.

세상에서 가장 강한 사람은 자기를 이기는 사람이다.
가장 부유한 사람은 항상 만족할 줄 아는 사람이다.
가장 지혜로운 사람은 끝없이 배우는 사람이다.
가장 행복한 사람은 범사에 감사하며 사는 사람이다.

여러분은 범사에 감사하며 가장 행복하게 살고 계십니까?

데살로니가전서 5장 16-18절은 많은 분들이 암송하는 말씀입니다.

"항상 기뻐하라 쉬지 말고 기도하라 범사에 감사하라 이것이 그리스도 예수 안에서 너희를 향하신 하나님의 뜻이니라."

멀린 캐로더스 목사님은 《감옥생활에서 찬송생활로》라는 책으로 유명합니다. 캐로더스 목사님은 감사할 수 없는 상황에서 믿음으로 감사했을 때 기적을 만들어낸 수많은 사례를 책으로 엮어냈습니다.

그중에서 특별히 기억나는 것은 스트립 바에서 스트립 댄서로 일하는 딸을 위해 오랫동안 눈물로 기도해온 어머니가 멀린 목사님을 찾아온 일이었습니다. 그 어머니의 말을 들은 멀린 목사님은 이렇게 힘주어 권면했습니다.

"집사님, 그 일로 인해 하나님 아버지께 감사합시다."

그랬더니 어머니가 반박했습니다.

"아니 어떻게 이 일이 하나님께 감사할 일입니까? 사탄에게나 감사할 일이지."

그러자 멀린 목사님은 성경을 폈습니다.

"범사에 감사하라 이것이 그리스도 예수 안에서 너희를 향하신 하나님의 뜻이니라."

그런 다음 다짜고짜 다그치며 물었습니다.

"딸이 스트립바에서 춤추는 것이 범사에 들어갑니까? 아닙니까?"

그러자 그 어머니가 마지못해 답했습니다.

"그야 들어가지요."

"그러면 같이 감사합시다."

어머니는 처음으로 그 문제를 놓고 감사의 기도를 드리게 되었습니다. 그 순간 어머니는 자유를 누렸습니다. 처음으로 원망이 아닌 신뢰의 기도를 드렸던 것입니다.

얼마 후, 놀랍게도 그 딸은 엄마의 품으로, 그리고 주님께 돌아오게 되었다고 합니다.

우리의 기도가 하나님께 하는 신세 한탄이나 은근한 원망일 수 있습니다. 그러나 진정한 기도는 '자유함'을 줍니다. 특히 감사의 기도는 모든 결박을 끊고 모든 짐으로부터 우리를 자유케 합니다.

세상에서 가장 행복한 사람은 바로 범사에 감사하며 사는 사람입니다. 감사함으로 행복해지는 부모와 자녀, 복된 가정이 되시길 소원합니다.

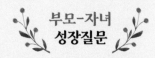

부모-자녀
성장질문

질문 우리 가정은 감사가
생활화되었나요?

_____

_____

_____

_____

_____

솔루션 감사의 제목을 적고
가족이 함께 나누어보세요.

_____

_____

_____

_____

_____

_____

_____

38일
웨슬레의 어머니,
수잔나의 자녀교육

18세기에 영국을 영적으로나 도덕적으로 뒤집어 놓은 하나님의 아들 요한 웨슬레의 어머니 수잔나(Susanna)의 이야기에서 자녀교육에 대해 생각해보려 합니다.

감리교를 창설한 요한 웨슬레의 어머니 수잔나는 무려 19명의 자녀를 낳아 그중 10명을 키웠습니다. 나머지는 안타깝게도 건강하게 자라지 못했습니다.

탄광촌에서 목회하는 가난한 목사의 아내였던 수잔나는 생활이 어려워 아이들을 학교에 보낼 수 없었습니다. 수잔나는 그 많은 자녀들을 혼자 다 키웠습니다. 수잔나 자신이 교사가 되어 엄격한 가정교육과 신앙교육을 시켰습니다. 매일 가족 성경공부와 기도회를 가졌고, 어린 자녀가 걷기 시작할 때면 그들의 손을 잡고 교도소와 병원과 양로원을 함께 심방하면서 이웃 사랑의 정신을 키워주었습니다. 그리고 한 주에 한 끼씩 금식하고, 하루에 세 번씩 소리 내어 기도하기를 가르쳤습니다.

그러나 수잔나의 자녀들이 모두 말을 잘 듣는 착한 아이들이었다고 생각하면 큰 오산입니다. 자녀들 중 한 딸은 고집불통이었고 못된 친구들과 계속 어울려 지냈기 때문에 수잔나의 마음이 편하지 않았습니다.

어느 날 수잔나는 검정 숯을 한 다발 가져와 그 딸 앞에 내려놓으며 말했습니다.

"얘야, 이 숯을 한번 껴안아 보렴. 불이 붙지 않았으니 뜨겁지 않단다."

딸이 놀라 대답했습니다.

"엄마, 불이 피지 않았으니 뜨겁지는 않겠지만 검정으로 손과 몸이 더러워지잖아요?"

그때 수잔나가 딸을 꼭 껴안으며 말했습니다.

"얘야, 우리의 삶도 그렇단다. 바르지 못한 행실은 화상을 입히지는 않지만 몸과 마음을 더럽힌단다."

이 말을 들은 딸은 잘못을 크게 뉘우치고 어머니께 순종하는 딸이 되었습니다.

정말 사랑은 오래 참습니다. 그리고 언젠가 반드시 기적을 낳습니다.

고린도전서 13장 4절과 7절에는 이런 말씀이 있습니다.

"사랑은 오래참고, 사랑은 온유하며, 시기하지 아니하며, 사랑은 자랑하지 아니하며, 교만하지 아니하며 … 모든 것을 참으며 모든 것을 믿으며, 모든 것을 바라며 모든 것을 견디느니라."

수잔나의 아들 요한 웨슬레는 88세까지 살면서, 그의 생애 동안 50년 가까이 말을 타고 다니며 40만 킬로미터 이상 전도여행을 다녔고, 4,200회에 달하는 설교를 하였으며, 200권이 넘는 책을 저술하였습니다.

웨슬레의 어머니 수잔나처럼 말씀으로, 애정과 관심으로, 그리고 기도로 자녀를 기른다면 훌륭해지지 않을 자녀가 없을 것입니다.

부모-자녀
성장질문

질문 웨슬레의 어머니 수잔나의 자녀교육을 통해
느낀 점은 무엇입니까?

_____

_____

_____

_____

_____

솔루션 자녀를 노엽게 하지 않고 지혜롭게 훈계할 수
있도록 하나님께 지혜를 구하고 실천하세요.

_____

_____

_____

_____

_____

_____

39_일

아름답게 연합하고
건강하게 떠나보내요

70이 가까운 중년의 부부가 상담하러 오셨습니다. 자녀의 결혼 문제 때문에 답답한 마음을 털어놓으셨습니다. 나이 40이 훌쩍 넘은 아들이 하나 있는데, 이 아들은 소개해주는 여자마다 싫다고 하더니, 이제는 아예 장가갈 생각도 하지 않는다는 것이었습니다.

며칠 후 그 아들을 만났습니다. 그 아들은 그동안 아버지 밑에서 너무나 불쌍하게 살아온 우리 엄마를 지켜드려야겠다는 생각에 떠날 수가 없다고 했습니다. 그리고, 아버지, 어머니의 결혼생활을 보니, 결혼해서 저렇게 살 바에야 차라리 혼자 사는 게 낫겠다는 생각이 들었다는 것이었습니다.

성경은 창세기 2장 24절에서 이렇게 말씀하고 있습니다.

"이러므로 남자가 부모를 떠나 그 아내와 합하여 둘이 한 몸을 이룰지로다."

예전에 대부분의 아버지는 가정을 등한시하고, 대신 어머니가 가정을 돌보고 눈물로 희생하며 자녀를 키워주셨기에, 자녀들은 그 어머니를 마음에 품고 살았습니다. "난 아버지처럼 살지 않을 거야. 불쌍한 우리 엄마한테 잘해 드려야지"라고 다짐하며 자랐던 것입니다. 그래서 결혼한 후에도 이렇게 말하는 남편이 많았습니다.

"당신은 우리 엄마한테만 잘하면 돼. 나한테 잘못 하는 것은 용서할 수 있어도, 우리 엄마한테 잘못 하는 건 용서할 수 없어!"

그래서 한국에는 대대로 이어지는 가족 관계의 아픔이 있습니다. 바로 고부간의 갈등입니다. 요즘은 반대로 사위와 장모 사이의 갈등도 만만치 않다고 들었습니다. 모두 다 '떠남'의 문제입니다.

자녀들은 언젠가 떠나게 되어 있습니다. 자녀에게 집착할수록 자녀를 떠나보내기가 어렵습니다.

'내가 너를 어떻게 키웠는데.'

부모님의 이런 생각이 많은 자녀들을 분노하게 하고 불행하게 만들고 있습니다.

떠남과 연합은 같은 개념입니다. 연합이 잘 되어야 잘 떠날 수 있고, 떠남이 잘 되어야 연합이 잘 될 수 있습니다. 이것이 성경의 패러독스이며 진리입니다. 떠남은 부모로부터 정서적으로, 육체적으로 떠나는 것입니다. 그리고 영적으로, 재정적으로, 문화적으로도 떠나는 것입니다.

가정에서 '떠남'이 건강해야 건강한 가문이 만들어집니다. 떠나보내는 부모도 행복하고, 떠나서 새로운 인생을 시작하는 부부도 행복하고, 태어날 후손들도 행복해집니다.

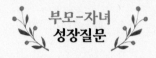

부모-자녀
성장질문

질문   부모님의 결혼생활은
자녀에게 본이 되나요?

_____

_____

_____

_____

_____

솔루션   이 책의 저자가 인도하는 '업그레이드 부부학교'에
등록하여 결혼생활을 점검하고, 자녀에게 행복한
부부의 본을 보여주세요.

_____

_____

_____

_____

_____

_____

40일

너무 늦기 전에
사랑한다고 말해주세요

요즘 아이들 중에는 분노가 조절되지 않아 폭력성이 나타나고 부모와도 깊은 감정의 골이 생겨 힘들어하는 가정이 많습니다. 이것은 어디에서부터 잘못되었으며, 어디에서 문제 해결의 길을 찾아야 할까요?

그 문제의 근원은 부모와 자녀 사이의 친밀감이 사라졌기 때문입니다. 부모가 하나님과 친밀해야 하듯, 부모와 자녀의 관계에서도 꼭 필요한 것이 친밀감입니다.

시편 25편 14절은 이렇게 말씀합니다.

"여호와의 친밀하심이 그를 경외하는 자들에게 있음이여 그의 언약을 그들에게 보이시리로다."

하나님은 우리에게 친밀감이라는 감정을 주셨습니다. 자녀들은 어려서부터 친밀감이라는 감정을 부모로부터 받아 채우는 것이 중요합니다. 친밀감의 욕구가 채워지지 않으면 분노가 쌓이게 됩니다.

자녀는 자신에게 친밀감을 주지 않고 상처 주는 말을 하는 부모에 대해 적개심과 두려움을 쌓게 됩니다. 그러다 보면 이후에 부모가 무슨 말을 하려고 해도 회피하려고 하고, 때로는 참았던 분노를 폭발시키는 것입니다. 그 결과, 자녀는 부모의 기대와 다르게 방황하고 반항하는 것입니다.

최근 유튜브에서 조회수가 많은 '더 늦기 전에 사랑한다고 말해요'라는 영상을 보았습니다. 이런 내용이었습니다.

머리가 하얗고 70세가 넘어 보이는 어떤 장로님이 계셨습니다. 어느 날 장가간 아들한테 전화를 하셨습니다. 아들이 먼저 말했습니다.

"아버지 전화 왜 하셨어요? 무슨 일이 있으세요?"

"아니야 무슨 일이 있기는."

"그런데 왜 전화하셨어요?"

"아니 다른 게 아니고, 사실은 있잖아, 내가 너를 사랑한다고…."

"뭐라고요? 아버지, 지금 뭐하고 하셨어요?"

"내가 너를 사랑하는데 말이야."

그랬더니 아들이 한참이나 아무 대답이 없더래요.

할 수 없이 장로님은 "미안하다. 미안한 게 너무 많아"라고 말하고 전화를 끊었답니다.

몇 시간 뒤에 며느리가 전화가 왔대요

"아버님, 제 남편한테 뭐라고 하셨어요? 뭐라고 하셨길래 저렇게 방에 들어가서 한 시간째 울고 있어요? 뭐라고 하셨어요?"

사랑은 말하지 않으면 모릅니다.

더 늦기 전에 우리 자녀들에게 사랑한다고 말해주세요.

자녀가 사랑을 받아야 할 시기에 부모로부터 친밀감을 느낀다면, 자녀는 비로소 안정감을 가지고 건강하게 자랄 것입니다. 그럴 때 머리 아픈 부모, 가슴 아픈 자녀가 되지 않을 것입니다.

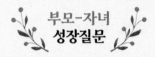

질문 부모님은 자녀에게 사랑을
잘 표현하고 있나요?

_____

_____

_____

_____

_____

솔루션 자녀에게 사랑을 표현하는 문자나 편지를
자주 써보세요.

_____

_____

_____

_____

_____

머리 아픈 부모
가슴 아픈 자녀